AF358956

RÉUNION

DE

L'INSTITUT DU FER ET DE L'ACIER

(Iron and Steel Institute)

AUX ÉTATS-UNIS

Extrait des *Comptes-Rendus mensuels de la Société de l'Industrie minérale*
Juin-Juillet 1891.

SAINT-ÉTIENNE

IMPRIMERIE THÉOLIER ET Cie

Rue Gérentet, 12.

—

1891

RÉUNION

DE

L'INSTITUT DU FER ET DE L'ACIER

(Iron and Steel Institute)

AUX ÉTATS-UNIS

Extrait des *Comptes-Rendus mensuels de la Société de l'Industrie minérale.*
Juin-Juillet 1891.

SAINT-ÉTIENNE
IMPRIMERIE THÉOLIER ET Cⁱᵉ
Rue Gérentet, 12.

1891

RÉUNION

DE

L'INSTITUT DU FER ET DE L'ACIER

(Iron and Steel Institute)

AUX ÉTATS-UNIS

M. Brustlein fait la communication suivante sur le voyage qu'il a fait l'année dernière en Amérique avec les autres membres de l'Institut du fer et de l'acier.

Je viens bien tard, et après bien des hésitations, vous parler de mon voyage, car il me parait difficile de donner à mes souvenirs une forme qui puisse intéresser notre profession.

Nous avons vu tant de grandes choses, mais avec une telle rapidité, que les images, passant comme dans un kaléidoscope, avaient de la peine à ne pas se confondre dans ma vieille tète.

Les parties spécialement techniques ont d'ailleurs été traitées depuis longtemps, soit par M. Polonceau à la Société des Ingénieurs civils, soit par mon compagnon de voyage, M. P. Bayard, ancien élève de l'École polytechnique, dont on retrouvera les excellents articles dans les numéros suivants du *Génie civil* : 1er novembre 1890, 16 et 21 mars 1891.

Les journaux anglais et américains spéciaux ont publié de nombreux rapports, sans compter le rapport complet que donnera l'*Iron et Steel Institute* lui-même, et le compte-rendu de M. Jeremiah Head à la Société des Ingénieurs du Cleveland.

En Allemagne, on trouvera, dans les premiers numéros de l'année courante du *Stahl et Eisen*, une série de renseignements très intéressants donnés par les ingénieurs les plus capables, sans préjudice de ceux qui pourront encore paraître dans cette utile publication.

Ma communication ne peut donc avoir que la valeur d'une simple causerie et ne mérite peut-être pas de figurer au procès-verbal.

Obligé par des convenances d'affaires de passer par l'Angleterre, je m'embarquai le 20 septembre sur le *Servia*, de la Compagnie Cunard, à Liverpool.

Le *Servia* est un bateau ancien, mais bien aménagé pour de nombreux passagers de 1re classe et sur lequel la majorité des membres de l'*Iron et Steel* avaient retenu leur passage.

Parmi eux :

Sir James Kitson, le président en fonctions de l'*Iron et Steel*, dont vous avez entendu, il y a deux ans, dans cette même ville, le discours si clair et si réussi, le premier qu'il ait prononcé en français ;

Sir Lowthiam Bell, le maître de forges et savant bien connu en France auquel on doit l'analyse si complète des réactions dans le haut-fourneau, la comptabilité raisonnée et la balance justifiée de toutes les calories en jeu ;

MM. Snelus, Windsor Richard et P. Gilchrist, dont je cite les noms réunis, comme précurseurs et collaborateurs du procédé Thomas ;

M. Whitwell, maître de forges distingué, frère de l'inventeur de l'appareil bien connu pour chauffer les gaz des hauts-fourneaux ;

M. Hadfield, dont on se rappelle les études intéressantes sur les aciers de différentes compositions et surtout sur ceux à haute teneur en manganèse.

M. Darby, le jeune inventeur de la carburation de l'acier Martin basique par l'addition directe de charbon.

Outre ces représentants distingués de l'industrie anglaise, les États-Unis étaient aussi brillamment représentés à bord :

M. Andrew Carnegie, le célèbre maître de forges. Comme Président du Comité de réception du Congrès, il avait puissamment contribué à donner son caractère grandiose à la réception qui allait nous être faite ;

M. Bogard, ingénieur du Gouvernement de New-York, bien connu de nos ingénieurs des ponts et chaussées qui ont été en mission aux États-Unis. Parmi les travaux et projets que cet éminent ingénieur a sous son contrôle, nous pouvons citer ;

1º Ceux de la distribution d'eau de la ville de New-York, dont nous aurons occasion de reparler plus loin ;

2º Le projet actuellement à l'étude pour emprunter 120.000 chevaux de force à la chute du Niagara, 4 p. % seulement de la force totale de cette chute.

J'eus l'avantage d'être présenté à M. A. Carnegie, qui voulut bien me faire réserver une place à table dans son voisinage immédiat.

Pendant toute la traversée, j'eus ainsi le loisir de voir de près cet homme remarquable. Petit de taille, l'expression bienveillante avec un grain de malice, sa conversation toujours vive et originale montrait qu'il connaissait à fond et savait mettre en jeu toutes les ressources de la psychologie humaine.

En dehors de l'œuvre industrielle considérable qu'il a su créer par son indomptable énergie et à laquelle il doit son immense fortune, cet esprit d'élite trouve encore le temps de s'occuper de questions d'un ordre bien plus général et plus élevé. A l'appui, j'ai l'honneur de mettre à votre disposition un certain nombre d'exemplaires de son Évangile de la richesse, que nous avons eu le plaisir de traduire.

En somme, notre traversée fut bonne. Pendant les belles journées, les jeunes gens, impatients d'exercice, organisaient à bord le jeu du criquet avec des balles en corde qui allaient souvent à la mer. Je suivais ce jeu avec le plus vif intérêt, ne pouvant m'empêcher de songer que c'était en partie à cette juste balance maintenue entre le développement intellectuel et le développement physique que quelques siècles avaient fait de cette race la plus énergique, la plus endurante et la plus entreprenante du globe. Rien dans le climat du pays ne favorisant particulièrement cette suprématie, il était et reste encore loisible à toute autre nation d'arriver à faire mieux peut-être et dans un délai plus court.

Par le travers du banc de Terre-Neuve, nous passâmes, dans l'après-midi, à 5 ou 6 kilomètres d'un iceberg de 300 à 400 mètres de long, émergeant d'une trentaine de mètres. Nous le vîmes successivement, à mesure que nous avancions, sur sa face ombrée, puis du côté directement éclairé par le soleil. La même nuit, nous croisions de très près un bateau de pêche ancré dans ces parages, sur lequel un pauvre falot éclairait quelques matelots qui surveillaient avec inquiétude la course de notre vapeur, car ils sont souvent victimes de monstres pareils à celui qui nous portait.

New-York.

Enfin, dimanche soir, 28 septembre, nous entrions, au coucher du soleil, par un temps superbe, dans la baie de New-York, dont nous pûmes admirer la beauté. Le lendemain, on nous garait dans les docks de la Compagnie.

A notre débarquement, nous sommes cordialement reçus par les membres du Comité, puis on passe dans la halle des docks où a lieu la visite des bagages. Ceux de l'*Iron et Steel*, reconnaissables aux larges étiquettes fournies par les soins de l'*Institute*, ne sont soumis qu'à une visite sommaire, puis confiés aux entreprises de transport pour être rendus aux hôtels respectifs.

Cette visite se fait, en général, d'une façon plus sévère, mais avec une convenance parfaite. On éprouve néanmoins un sentiment étrange à voir cette quantité d'hommes dans la force de l'âge dédiés à une pareille besogne. La faveur et l'arbitraire peuvent jouer un grand rôle pour distribuer des places si peu fatigantes ; on sent un levier électoral possible, et, pour la prospérité d'un pays, une armée trop nombreuse de ce genre n'est pas souhaitable.

Enfin, tout est arrangé, nous sommes libres. L'hôtel reconnu, on examine la ville, qui renferme beaucoup de luxueuses constructions.

Grâce à la disposition rectangulaire des rues, les Y ou *avenues* allant du Sud au Nord, et les X ou *rues* numérotées à l'Est et à l'Ouest à partir de la cinquième avenue, on est vite orienté.

Des tramcars sans nombre circulent dans toutes les directions ; pour les distances un peu longues, on prend l'*elevated*, chemin de fer aérien. Taxe uniforme : 5 sous partout. Les fiacres sont rares ; les ornières profondes qui bordent les rails des tramways en rendent la circulation difficile. Il y a cependant un certain nombre de voies libres et bien soignées que peuvent suivre les voitures pour aller à l'immense parc central.

Le pont suspendu de Brooklyn, déjà entrevu de la rade, est un des premiers objectifs. Malgré toutes les descriptions, il étonne par ses dimensions.

Parmi les travaux remarquables d'utilité publique, il faut citer la nouvelle distribution d'eau de Croton Waterworks, dont les travaux touchaient à leur fin.

L'eau est amenée en tunnel d'une distance de près de 60 kilomètres.

Pour entrer dans l'ile de Manhattan sur laquelle la ville est bâtie et arriver aux réservoirs, on a creusé, sous le Harlem river, en descendant dans le roc, un profond siphon cimenté par lequel l'eau passe sous la rivière pour remonter de l'autre côté. Ce siphon venait tout juste d'être éprouvé à notre passage et s'était montré parfaitement étanche.

Ces travaux ont été exécutés sous la direction générale de M. Fteley, dont l'aimable accueil était d'autant plus apprécié que, Français d'origine ou ayant fait ses études en France, il parle notre langue avec la plus grande facilité, et sous le contrôle de M. Bogard, ingénieur de l'Etat de New-York, cité plus haut.

Un des ingénieurs de la ville, M. E. Wegmann, s'est particulièrement distingué dans l'exécution de ces travaux et a fait sur les barrages un ouvrage très remarqué qui mérite de trouver sa place dans toutes les bibliothèques spéciales.

New-York s'étend en longueur du Nord au Sud et peut se diviser en tranches. La tranche Sud, qui regarde du côté de la baie, constitue l'ancienne ville dont les côtes Est et Ouest sont hérissées de docks, et les rues y sont orientées dans différents sens. Cette partie de la ville est aujourd'hui exclusivement réservée aux affaires.

Dans la deuxième tranche en remontant vers le Nord, on rencontre de beaux magasins dont la plupart sont déjà situés dans les rues à tracé rectangulaire.

Plus au Nord encore, viennent les habitations des personnes les plus aisées de la ville, jusqu'à la hauteur du parc central et, à mesure qu'on s'éloigne encore davantage vers le Nord, on trouve ensuite des habitations plus modestes.

De jour, presque toute l'activité des affaires se concentre dans le bas de la ville, qui est à peu près inhabité de nuit. C'est le quartier des bureaux. La place étant très chère, on a construit des maisons de bureaux à un grand nombre d'étages, de sorte que, dans un seul bâtiment, se trouvent souvent groupées les administrations d'une centaine d'entreprises différentes. Chacune d'elles a son numéro d'ordre et dispose d'une ou de plusieurs pièces. Les corridors des différents étages sont desservis par un ascenseur double, dont la marche très rapide est ininterrompue dans la journée. Dans les corridors se trouvent de grandes lanternes en verre blanc sur lesquelles les étages sont marqués. Un cadre mobile suit, en réduction, la marche de l'ascenseur et indique de quel côté il faut le prendre.

Vers neuf heures du matin, entrée générale dans les bureaux ; les trains de chemins de fer aériens se succèdent à moins de 100 mètres de distance; ils sont tous pleins de monde qui va se mettre à la besogne.

On travaille dur, presque sans interruption, jusqu'à 5 heures du soir. Le repas que l'on prend vers une heure dans les nombreux restaurants *ad hoc* n'est pas un repos: chacun de ces établissements a en effet, dans la salle principale, une borne télégraphique. Les cours des différentes bourses viennent s'imprimer sans relâche sur la bande qui se déroule dans un profond panier; on peut aller les consulter entre deux bouchées.

A 5 heures du soir, l'exode bat son plein en sens inverse du mouvement du matin et tout le quartier se vide.

Ce n'est que grâce à la rapide circulation qu'ont établie ses chemins de fer aériens que New-York a pu se développer sur une si grande longueur vers le Nord. Malgré leur efficacité, ces moyens de transport sont déjà reconnus insuffisants, et de nouveaux projets sont à l'étude pour doubler le nombre des voies.

New York paraît déjà atteint par la malédiction particulière aux grandes villes; les familles nombreuses commencent à être l'exception.

Quatre à cinq cents invités européens avaient répondu à l'appel Dans ce nombre, il y a plus d'une cinquantaine de dames auxquelles un Comité de dames fait les honneurs de la ville: promenades au parc central dans les plus beaux équipages, visites aux magasins (*Shoping*).

Une excursion sur le Hudson réunit tout le monde. Le Comité New-Yorkois avait fait fréter pour la circonstance un ferry-boat, le *Sandy Hook*, de construction récente, et merveilleusement aménagé pour une excursion de ce genre.

Les grands espaces disponibles à découvert sur le bateau permettaient de profiter de la superbe journée d'automne qui favorisait cette excursion et de jouir du magnifique spectacle qu'offrent les bords du Hudson. Le bateau glissait sur le fleuve sans bruit, sans secousses et sans vibrations.

Ici, comme dans toutes les expéditions ultérieures de ce genre, un excellent et substantiel lunch avait été prévu. Les pièces les plus remarquables des tables décorées avec goût consistaient en un certain nombre de truites saumonées des lacs, de plus d'un mètre de long. D'énormes urnes en glace moulée servaient à rafraîchir.

Elles contenaient, par exemple, un ou deux décalitres d'huîtres fraîches tout écaillées qu'on puisait avec un pochon quand on voulait se servir. Disons en passant que les huîtres sont excellentes, très grasses, mais en général complétement dessalées.

Ces grands ornements en glace transparente produisaient des jeux de lumière du plus bel effet.

Ici, comme plus tard, dans d'autres occasions du même genre, la danse s'organisait à bord, avec un grand entrain. Au retour, la musique du bord jouait successivement les différents hymnes nationaux, et, malgré le petit nombre de Français présents, la Marseillaise n'était jamais oubliée.

Une après-diner est consacrée à l'inauguration de la statue en bronze de Holley qui, dans sa carrière trop courte, hélas ! était devenu le grand ingénieur de toutes les nouvelles installations Bessemer spécialement étudiées au point de vue de la rapidité des opérations et de l'économie de main-d'œuvre.

La cérémonie terminée, on voulut donner aux visiteurs une idée de la rapidité avec laquelle les secours arrivaient en cas d'incendie :

M. le Président de l'*Iron et Steel Institute* fut prié de presser un bouton électrique, et quelques instants après arrivaient au son d'une cloche, faisant garer toutes les voitures, et de différentes directions, au grand galop, les pompes à incendie et les véhicules chargés d'échelles et de tous les engins de sauvetage.

La même politesse nous fut faite plus tard à Chicago.

Je dirai, en passant, que sur les chemins de fer, c'est la cloche et non le sifflet qui sert d'avertissement ou de signal d'alarme sur les voies et aux passages à niveau ; aussi toutes les locomotives sont-elles ornées d'une assez forte cloche.

Mais le temps ne suffit pas pour le programme ; la Société des Mining Engineers a en réserve un grand choix de communications intéressantes. Dans le nombre je citerai celle relative à un séparateur magnétique très ingénieux, pour séparer l'oxyde de fer magnétique d'avec sa gangue. C'est un problème dont on s'est beaucoup préoccupé aux États-Unis où ces minerais enrichis paraissent trouver un emploi dans le procédé de fabrication directe du fer sur sole.

Le Président de la Société des Mining Engineers est Abraham Hewitt, homme déjà avancé en âge. Il a été, aux États-Unis, l'initiateur des procédés Bessemer et Martin, dont les applications ont été si fécondes, et est entouré du respect de tous à cause de la noblesse de son caractère.

Un cordial discours de réception aux membres européens fut fait par M. J. Lewis, secrétaire de la Société, dont la bienveillante activité est restée au souvenir de chacun.

La clôture des séances de la Société des Mining Engineers, prononcée le 30 septembre, est suivie, le lendemain, de l'ouverture de celles de l'*Iron et Steel Institute* dans le même local de Chikering Hall.

C'est M. A. Carnegie qui souhaite la bienvenue aux hôtes européens ; il rappelle dans son discours tout ce que la métallurgie américaine devait à l'Europe. La grande médaille Bessemer est décernée à M. Abraham Hewitt, président de la Société des Mining Engineers, cité plus haut.

M. Hewitt présentait d'ailleurs une communication sur des sujets économiques d'un ordre très élevé. Il considère les syndicats visant au monopole comme nuisibles à l'intérêt général d'un pays. Il pense que l'avenir, pour les grandes industries, est dans une participation généralisée. L'idée est incontestablement d'accord avec toutes les notions d'équité et de justice ; mais cette participation ne peut devenir praticable qu'avec une éducation appropriée du personnel et de leurs familles, y compris la partie féminine. Etrangères le plus souvent au travail, les femmes ont en effet peu d'éléments pour juger les valeurs respectives des participants et sont généralement portées à beaucoup exagérer l'importance des leurs et à exciter au mécontentement.

Si je m'arrête un peu à cette communication qui n'a rien de métallurgique, c'est qu'il est consolant de voir qu'au-dessus de tant d'intelligences, uniquement absorbées par la chasse effrénée du dollar, il y a aussi des caractères d'élite, qui sont la sauvegarde d'un pays et qui ne perdent pas de vue les intérêts généraux d'un ordre plus élevé. Aux Etats-Unis, ces hommes ne sont pas rares.

C'est dans cette première séance que fut lue par M. James Gayley sa communication sur la production des hauts-fourneaux, qui a eu un si grand retentissement.

Les points importants, et qui ne dépendent pas des conditions spéciales au pays, dans la pratique américaine, paraissent être :

1° Une pression de vent très grande, 2/3 d'atmosphère environ ;

2° Machine soufflante indépendante pour chaque haut-fourneau, de sorte qu'on ne se guide pas par le manomètre, mais par le nombre de tours de la machine ;

3° Grand soin à maintenir un chargement régulier, surtout aux changements de postes

4° Refroidissement abondant du creuset et de l'ouvrage par des circulations d'eau qui consomment jusqu'à cent litres, par seconde, d'eau sous pression.

La séance du jeudi 2 octobre fut occupée par la communication de M. H. Howe, dans laquelle il expliquait et justifiait la méthode du Bessemer à marche rapide employée aux États-Unis.

M. H. Howe est le professeur de métallurgie de Boston bien connu par son Traité de la métallurgie de l'acier. Sur la proposition de M. Jordan, un prix de 2.500 francs vient d'être décerné à cet ouvrage par la Société d'encouragement.

Le soir, banquet annuel de l'*Iron et Steel* chez Delmonico, le restaurant en renom : 50 francs par tête.

Le vendredi 3 octobre, communication de M. Elihu Thomson sur la soudure électrique, et, dans l'après-dîner, visite aux ateliers d'étude d'Edison.

Philadelphie.

Samedi matin, départ pour Philadelphie,

Une partie du trajet se fait en chemin de fer, jusqu'à Tacony, sur les bords du Delaware, où tout le monde s'arrête pour visiter l'usine remarquable de MM. H. Disston et fils.

Cet établissement consiste en une importante fonderie d'acier au creuset. L'acier est transformé dans l'établissement même soit en scies, soit en limes. Le temps était insuffisant pour tout voir; j'en vis cependant assez dans le département de la fabrication des scies et dans la fonderie pour croire que nous n'avons peut-être pas en Europe d'usine aussi bien aménagée et aussi complétement outillée que celle-ci.

Au sortir de l'usine, un grand bateau à vapeur, *Le Columbia*, reçut tous les voyageurs. Tous les agréments dont nous avons fait mention à propos de l'excursion sur le Hudson nous attendaient sur ce bateau magnifiquement orné pour la circonstance.

On descendit le Delaware sur une grande distance pour remonter ensuite vers Philadelphie.

Dans la soirée, beaucoup de membres se retrouvaient dans la demeure hospitalière de M. Walter Wood, riche manufacturier de Philadelphie, qui nous avait adressé une gracieuse invitation.

Le lendemain dimanche put être consacré au repos, et beaucoup d'entre nous profitèrent de l'après-dîner pour faire une excursion à l'immense parc de Fair Mountain.

Philadelphie, qui se rappelait au souvenir de beaucoup d'Européens par sa belle exposition universelle, occupe, par rapport à sa population, un espace beaucoup plus considérable que New-York. C'est, je crois, le centre manufacturier le plus important des États-Unis.

Les tramways à câble sont très employés, les voitures allant toujours dans le même sens dans une avenue et en sens inverse dans l'avenue parallèle. Les voies se coupent à angle droit; les avenues sont désignées par des noms et les rues perpendiculaires par des numéros d'ordre.

Parmi les usines visitées, je citerai.

1° La fabrique de locomotives de Baldwin. Le succès de cet établissement, qui a construit un nombre énorme de locomotives, paraît surtout dû à l'ordre extrême qui règne dans tous les départements, ce qui permet d'exécuter sûrement et rapidement, à de nombreux exemplaires, le très petit nombre de différents types de la Maison ;

2° Les ateliers de construction de machines bien connus de Sellers.

On y remarque les tours à axe vertical qu'on pourrait appeler des raboteuses à plateau tournant, très employé aux États-Unis, et aussi la raboteuse rectiligne à retour extra rapide, mue par une vis sans fin placée en biais sous la crémaillère du plateau.

Le lundi soir, il y eut réception et bal à l'Académie des Beaux-Arts.

En route.

C'est le lendemain 7, au matin, que commençait réellement la grande tournée que nous allions faire.

Avant de nous mettre en route, je demande la permission de donner quelques explications et une description sommaire de notre itinéraire.

Tous les invités européens et américains, au nombre de 600 environ, devaient, suivant le programme, aller ensemble jusqu'à Chicago en s'arrêtant quelques jours à Pittsburg.

A Chicago, l'expédition se divisait :

Une partie, la plus nombreuse, se dirigeait directement vers le Sud jusque dans l'État d'Alabama et remontait ensuite par étapes vers Washington.

L'autre partie allait au Nord pour faire le tour des grands lacs et inspecter les richesses minières de cette région ; elle revenait par le Niagara rejoindre le premier groupe à Washington.

De Washington, tout le monde revenait par Baltimore, où des trains spéciaux étaient encore mis à la disposition des voyageurs du Sud qui désiraient, à leur tour, voir les chutes du Niagara ; le reste retournait à New-York.

Le programme et le plan de ces excursions avaient été préparés par M. Kirchloff, secrétaire du Comité de réception et directeur du Journal très répandu: le *Iron Age* (l'Age de Fer). M. Shinn, Président de la Société Américaine des Ingénieurs civils, s'était chargé de l'organisation des transports.

Ces Messieurs, dont l'obligeante prévoyance est au-dessus de tout éloge, nous ont accompagnés tout le temps de l'expédition.

Pour permettre de juger des difficultés d'exécution et des frais que comportait un pareil programme, il est utile de donner ici quelques explications sur notre façon de voyager.

Les trains mis à notre disposition se composaient uniquement de wagons-lits ou wagons-palais *(Palace cars)*, comme on les désigne aux Etats-Unis.

La disposition intérieure de ces wagons est, de jour, à peu près pareille à celle des wagons de 1ʳᵉ classe ordinaire : couloir au milieu avec sièges à deux places de chaque côté, une table pouvant à volonté être installée entre deux bancs.

La section transversale du wagon est, à l'extérieur, un rectangle très élevé. A l'intérieur, les deux angles du haut sont à pans coupés entre lesquels sont pendues les lampes au plafond. C'est dans l'espace laissé vide par ces pans coupés et le rectangle extérieur qu'on loge de jour toute la literie.

De nuit, les couchettes sont disposées en deux rangs superposés de chaque côté du couloir : le voyageur est couché en long dans le sens de la marche du train. A chaque extrémité du wagon, se trouvent les lavabos et un compartiment séparé pour les dames, ou bien un fumoir. Le service est fait par des nègres. De nuit, tout l'espace est tellement pris que chaque voyageur ne peut garder avec lui qu'un sac ou une très petite valise à main.

Cela dit, on peut se faire une idée des difficultés que devaient éprouver les organisateurs pour transporter 600 voyageurs à la fois.

En effet, pour faire face aux changements de température possibles en cette saison et s'assurer une tenue convenable pour les réceptions à prévoir, chaque voyageur avait un bagage assez volumineux.

Tous ces bagages devaient être prêts la veille de chaque départ ; ils étaient emportés et expédiés d'avance par un train spécial pour que les voyageurs pussent les retrouver à leur arrivée dans les villes d'étape, aux différents hôtels dans lesquels ils étaient d'avance répartis.

L'arrivée des visiteurs, attirant elle-même une affluence inusitée des habitants de la contrée, rendait encore le problème plus difficile.

Cette organisation n'a pas été une des choses les moins remarquables de la réception grandiose qui nous a été réservée.

Dans les villes naissantes du Sud, le nombre des hôtels étant insuffisant et les stations moins encombrées, la plupart des voyageurs pouvaient loger dans leurs wagons, laissant aux dames la place disponible dans les hôtels.

Dans chacun des trains se trouvait un wagon restaurant dans lequel les voyageurs du train prenaient leurs repas par séries. Un carnet de bons de repas dont les prix avaient été réduits pour la circonstance, avait été mis à la disposition de chaque voyageur.

Quand on songe que trois trains pareils avaient été mis à la disposition des voyageurs du Sud et deux pour ceux du Nord, on aura une idée de l'ampleur avec laquelle le plan a été conçu et exécuté.

A chaque étape on trouvait à son adresse, ou bien l'on recevait en route, un ensemble de renseignements et de plans relatifs aux lieux qu'on allait visiter.

J'ai apporté un certain nombre de spécimens des souvenirs ainsi offerts, pour en donner une idée à ceux de nos collègues de la Réunion qui désireraient y jeter un coup d'œil.

A Pittsburg, un très bel album avait été préparé avec le nom de chaque membre imprimé d'avance sur la couverture.

Cette boîte en aluminium de 85 centimètres cubes de capacité pesant, avec son couvercle, 12 à 13 grammes, nous a été offerte par la Compagnie de Réduction de Pittsburg, remplie de brillants cristaux de magnétite des mines du lac Champlain.

A Chicago, chaque voyageur recevait, avec une notice sur la ville, un paquet de bons de voitures. Il suffisait de signer un de ces bons, d'y inscrire le point de départ et la destination, pour se faire conduire où l'on voulait par un cocher quelconque, auquel on remettait le bon.

Altoona-Johnstown.

Le mardi 7 octobre nous quittons Philadelphie, nos bagages étant expédiés d'avance sur Pittsburg. On s'arrête dans la journée pour visiter les mines de Cornwal; c'est un gîte colossal de minerai magnétique contenant en moyenne 60 p. % de fer. Il porte des traces visibles de pyrites de fer et de cuivre. On n'exploite actuellement que la partie située au-dessus du niveau des eaux par gradins droits, à ciel ouvert et qu'on évalue à 30.000.000 de tonnes. Un sondage descendu à 100 mètres au-dessous du niveau des eaux n'a traversé que du minerai de même nature.

La production annuelle est d'environ 1.000.000 de tonnes; la tonne revient à 2 fr. 50 et se vend 10 francs.

Ce minerai ne renferme guère que 0.002 à 0.003 de phosphore; mais, par contre, une assez forte proportion de soufre et de cuivre. Deux hauts-fourneaux de grandes dimensions, situés non loin de là, ne traitent que de ce minerai en employant du coke additionné d'une petite proportion d'anthracite. Ce minerai est préalablement grillé, et la Compagnie s'occupait de l'installation d'un nouveau grillage au gaz de pétrole.

En continuant notre route, nous arrivons dans la nuit à Altoona, où nous finissons notre somme dans les wagons.

C'est à Altoona que se trouvent les ateliers de construction et de réparation du matériel roulant de la Compagnie des chemins de fer de Pensylvanie (Pensylvania railroad Co).

On aura une idée de l'importance de ces ateliers qui occupent de 5.000 à 6.000 ouvriers, quand on saura que son matériel roulant comprend tout près de 5.000 locomotives. L'outillage est très soigné. On y remarque beaucoup de machines à vapeur type Westinghouse, dans lesquelles la détente est réglée par un régulateur fixé contre le volant qui agit en déplaçant l'angle de calage de l'excentrique de la distribution. Ces machines marchent à 300 tours.

Nous notons des grues roulantes actionnées par l'électricité;

Deux wagons enregistreurs pour relever l'état de la voie au moyen de diagrammes automatiques.

Dans ces ateliers, nous avons vu employer, au lieu d'outils en acier, des outils en fonte trempée en coquille vers le taillant.

L'outil est coulé en sable avec la forme voulue, sauf le côté du tranchant qui est coulé en coquille. Le taillant est ensuite affûté et fait, à ce que l'on prétend, des passes plus prolongées qu'un outil en acier trempé. Au bout de trois meulages, l'outil est hors de service et mis aux riblons pour être refondu.

On assure que la fonte est de même qualité que celle en usage pour les roues de wagon en fonte très employées aux Etats-Unis.

En continuant notre route, dans l'après-dîner nous passons dans la vallée du Comenaugh, non loin du barrage dont la rupture fut, il y a deux ans, si désastreuse pour la ville de Jonhstown, où l'inondation qui en résulta fit plus de 2.000 victimes.

A partir de là, tout le long de la rivière jusqu'à Johnstown, on aperçoit encore partout les traces du désastre.

A Johnstown, un train préparé par les Cambria Iron Works nous conduit dans cette usine, qui est au nombre des plus prospères des Etats-Unis. Elle tire son charbon de ses propres mines et fait son coke.

Elle a quatre hauts-fourneaux, une installation Bessemer pouvant faire mille tonnes de lingots dans les 24 heures et deux fours Pernot de 15 à 20 tonnes.

A côté des dégrossisseurs, des trains à rails et de différents trains marchands, elle possède un train machine très puissant mu par une courroie en cuir de 1m,20 de large, de trois épaisseurs. Ce système de transmission, fréquemment employé aux Etats-Unis, paraît donner toute satisfaction. Les lingots pour rails sont chauffés verticalement dans des fours alimentés au gaz naturel. Le gaz naturel est également employé pour le chauffage de tous les autres fours.

A la nuit tombante, nous arrivions à Pittsburgh où, grâce à deux rubans de couleur qui m'avaient été donnés comme signe de ralliement, je fus aussitôt trouvé par mon aimable hôte M. Thaw, riche habitant de la ville, qui me reçut chez lui.

Pittsburgh.

Pittsburg est pittoresquement situé au confluent de deux rivières, l'Alleghany et le Monongahela, qui deviennent l'Ohio à partir de leur jonction. De nombreux ponts relient les différentes parties de la ville dont un quartier, situé sur la rive droite de l'Alleghany, porte le nom de cette rivière.

Les chiffres suivants donneront une idée de l'importance de ce district industriel, il produit :

1.300.000 tonnes de fonte par an ;

1.100.000   —   d'acier laminé ;

  638.000   —   de fer ;

20.000.000   —   de houille ;

    Et par jour :

22.000.000 de mètres cubes de gaz naturel ;

   130.000 barils de pétrole.

Pittsburgh possède, en outre, des verreries et d'autres fabriques très importantes.

Elle renferme, dans le quartier manufacturier, de longues rues qui sont composées d'une suite non interrompue d'usines, et dans lesquelles les locomotives circulent presque en permanence. Dans la ville proprement dite, la circulation est rendue facile et rapide par des omnibus nombreux qui marchent soit par traction funiculaire, soit par un courant électrique. Le fil conducteur est suspendu en l'air et la voiture y cueille le courant au moyen d'un mât incliné vers l'arrière, qui surmonte la voiture ; ce mât porte à son extrémité une poulie dans la gorge de laquelle passe le fil. Autrefois, c'était la ville noire par excellence, quand le combustible en usage était la houille bitumineuse ; aujourd'hui que le gaz naturel a remplacé la houille, l'atmosphère est relativement claire, malgré cet immense développement industriel qui en fait dans son genre une ville unique au monde.

Les sessions du Congrès des maîtres de forges américains, anglais et allemands furent reprises. Les séances se tenaient dans l'amphithéâtre de la magnifique bibliothèque due à la libéralité de M. Carnegie. Cet édifice, représenté dans l'album que je présente, a coûté des sommes considérables. Il est désigné dans la localité sous le nom de Carnegie hall.

La bienvenue nous fut souhaitée par M. J.-H. Rickeston, secrétaire du Comité de réception, dans un éloquent discours.

La première communication fut celle de sir Lowthiam Bell, qui expose toutes les raisons pour lesquelles on peut prévoir que le haut-fourneau et le Bessemer resteront toujours les appareils les plus économiques pour les grandes productions d'acier. Cette opinion fut vivement combattue par un représentant de la Carbon Iron Co, dont nous dirons quelques mots plus loin.

M. Thielen, directeur des usines du Phoenix et président du groupe des maîtres de forges allemands, exposa ensuite la série des essais faits pour arriver aux meilleurs procédés de récarburation de l'acier

doux basique par addition directe de charbon d'après les idées de
M. J.-H. Darby.

A citer un travail de sir N. Barnaby sur la sécurité des navires.

M. N. Barnaby admet la possibilité de construire un bâtiment de
dimensions tellement considérables que la mer la plus agitée ne
produirait plus que des oscillations insignifiantes, et qu'il serait impos-
sible de couler dans un combat naval. Malheureusement, il trouverait
peu de ports pour s'abriter.

Une communication de M. le Dr W. P. Shinn sur les transports :

De M. le Dr Herman Wedding sur les progrès dans la fabrication du
fer et de l'acier depuis 1886 en Allemagne ;

Unification des méthodes d'analyse du fer et de l'acier, par M. le
Professeur Langley, de Pittsburgh, etc.

Dans l'intervalle des séances, les visiteurs se dispersaient, suivant
les circonstances, n'ayant que l'embarras du choix pour visiter toutes
les choses intéressantes.

Sans compter une exposition régionale installée dans la ville, une
première excursion était organisée pour visiter, à une quarantaine de
kilomètres, un district à pétrole et à gaz. On y voyait un puits en
fonçage. Un second puits, descendu à 700 ou 800 mètres et tubé, rendait du gaz qui s'échappait avec un bruit formidable ; en arrêtant
l'échappement, la pression dépassait 30 atmosphères. Un troisième
puits débitait, par un tube de 75 millimètres, la valeur de 500 barils de
pétrole par jour qui coule dans un réservoir jaugé en bois ; quand
celui-ci est plein, on dirige le tuyau dans un second réservoir, et le
premier est vidé dans les réseaux de tuyaux qui conduisent l'huile à
New-York ou dans un autre port d'embarquement.

La houille qu'on exploite au voisinage immédiat de Pittsburgh est
de la houille bitumineuse qui ne peut pas donner du coke. La zone des
houilles à coke est plus vers le Sud-Est dans le district de Connells-
ville.

C'est là que se trouvent les milliers de fours à coke qui fournissent
les hauts-fourneaux de la région. Un train spécial avait été aussi mis
à la disposition du Congrès pour visiter ce district.

Le vendredi 10 octobre, tout le monde se retrouvait à bord de la
Fleur de Mai, bateau à vapeur qui devait nous transporter en remontant le Monongahela, successivement aux aciéries de Home Stead et
d'Edgar Thomson, appartenant en totalité ou en partie à M. Carnegie.

Ces usines ayant été souvent décrites, je me bornerai à dire qu'à
Edgar Thomson il y a neuf hauts-fourneaux au coke, marchant en

fonte Bessemer, en spiegel ou en ferro-manganèse. Quatre convertisseurs Bessemer permettent de faire journellement 1.000 tonnes de rails ou de billettes.

Pour assurer plus de régularité, la fonte fondue, au lieu d'aller directement du haut-fourneau dans les cornues, est transvasée dans deux immenses réservoirs oscillants mélangeurs *(Mixer)* pouvant contenir chacun de 80 à 100 tonnes. En inclinant ces réservoirs, on peut déverser la charge nécessaire à l'opération dans une poche tarée placée sur la bascule, et c'est cette poche qui est amenée ensuite par rails au-dessus des cornues.

Tous les fours à réchauffer sont chauffés au gaz naturel.

L'usine de Home Stead-Carnegie Phips et Cᵒ, placée également sur le bord de la rivière, mais de l'autre côté et en aval de la précédente, a des fours Siemens-Martin comme principaux appareils de production. Elle a deux halles contenant chacune huit grands fours sur sole de 15 à 35 tonnes.

C'est cette usine qui a, la première, appliqué les procédés de fabrication sur sole basique aux États-Unis et passe pour en avoir retiré des bénéfices considérables. Disons en passant que les procédés basiques ont été monopolisés aux États-Unis par une puissante Société qui s'est formée dans ce but.

Comme outillage remarquable, il faut encore citer :

1º Un train universel, dégrossisseur capable de laminer jusqu'à des lingots de 25 tonnes ;

2º Un train à tôle d'une puissance de production considérable ; il est suivi de longues tables à rouleaux sur lesquelles les tôles ont le temps de se refroidir pour arriver à portée de la cisaille. Pour le cisaillage, ces tôles ne sont pas suspendues à des chariots roulants comme elles le sont d'habitude. La cisaille est entourée, à hauteur convenable, d'une forêt de pieds à fortes roulettes pareilles à celles d'un fauteuil renversé. Ces pieds à roulettes sont espacés suffisamment pour permettre de circuler entre elles et, là-dessus, les tôles se manient avec facilité dans tous les sens. Une fois cisaillées, on n'a qu'à les pousser dans les wagons qui stationnent à côté à hauteur convenable.

Durant ces visites, la nuit était survenue, ce qui nous permit de bien apprécier la surprise que l'on nous ménageait au retour.

À un moment donné, nous fûmes brusquement illuminés par cinq jets de flammes immenses pareils à cinq peupliers d'une trentaine de mètres de haut et de trois mètres de diamètre environ dans la partie la plus renflée. C'étaient cinq jets de gaz naturel s'échappant par autant de tuyaux verticaux qu'on venait d'ouvrir. En même temps, un grand bouillonnement se fait dans la rivière, une fusée enflammée passe au-dessus et aussitôt la rivière paraît vomir des nuées de flammes ; on venait d'ouvrir un autre tuyau de gaz dont l'orifice débouchait à une assez grande distance dans le fond de la rivière. Par moments, ces flammes se coloraient en rouge. Cette illumination était d'un effet grandiose.

Parmi les nouveautés intéressantes, nous devons citer la Carbon Iron C° qui pratique la fabrication du fer au moyen de la réduction directe du minerai sur un four à sole. Cette usine a 16 fours de réduction. Les loupes obtenues sont passées dans un moulin à loupes. Le fer en barres soudées a l'air d'être de très bonne qualité et donne, à ce qu'il paraît, un très bon acier au four Martin.

Le rendement qu'on accuse est très satisfaisant.

La Réduction Co. produit l'aluminium par un procédé breveté par M. C. M. Hall, qui paraît analogue au procédé Héroult.

Des réservoirs en fonte revêtus de charbon à l'intérieur contiennent des sels fondus auxquels on ajoute de l'alumine. Des cylindres de charbon servant d'anode plongent dans le bain qui sert de katode. Le courant électrique maintient la chaleur et effectue la réduction, l'aluminium métallique se dépose dans le fond et est puisé avec des poches à mesure qu'il se dépose.

La boîte en aluminium décrite ci-dessus a été offerte par cette usine.

Le dimanche soir, nous nous remettons en route pour Chicago ; quittant Pittsburgh, je suis heureux de pouvoir remercier ici mon aimable hôte, M. Thaw, pour sa gracieuse et cordiale hospitalité.

Chicago.

Lundi 13 octobre, nous arrivons à Chicago à 9 heures du matin.

L'heure locale est de 60 minutes en retard sur celle de New-York. En effet, les Etats-Unis embrassant en longitude un huitième environ du pourtour du globe, on les a divisés en trois zones, dans chacune desquelles les temps locaux diffèrent d'une heure.

Chicago, située au fond du lac Michigan, l'un des grands lacs qui forment une vraie mer intérieure, est comme la Venise de cette Méditerranée du Nord. Placé en longitude au milieu des Etats-Unis, ce port a derrière lui des espaces immenses, sillonnés par un réseau de chemins de fer à mailles aussi serrées que celui de la Belgique ou de l'Angleterre. Chicago a 26 têtes de ligne d'autant de chemins de fer distincts, reliés entre eux par trois lignes transversales plus ou moins concentriques, espèces de chemins de fer de ceinture. Aussi est-elle le marché et l'entrepôt des productions agricoles de toute la région Nord-Ouest des Etats-Unis, à laquelle elle retourne les produits de sa propre industrie. Elle possède 27 de ces grands entrepôts de grains, souvent décrits et désignés sous le nom d'elevators, qui renferment les dispositifs les plus perfectionnés pour charger et décharger bateaux et wagons, en mesurant, pesant et souvent nettoyant les grains pendant leur transbordement. Ces elevators peuvent emmagasiner dix millions d'hectolitres de grains. La quantité totale ayant passé par cette ville en 1889 s'élève à plus de 60 millions d'hectolitres.

Il y a cinquante ans, Chicago, qui compte aujourd'hui 1.100.000 habitants, n'était qu'un marais.

L'énergie de ses habitants a surmonté toutes les difficultés pour profiter de la situation géographique exceptionnelle. Les rues ont été créées à force de remblais. Le terrain peu solide exige des fondations particulières pour ses palais et ses bâtiments à innombrables étages.

Pour faire les fondations, on couvre toute la surface à occuper avec un béton dans lequel on noie des rangées de poutres en fer ou de rails ; dans l'assise de béton suivante, les rails sont placés perpendiculairement aux précédents.

Détruite par un incendie en 1871, la ville fut aussitôt reconstruite et renaquit bien plus belle de ses cendres.

L'alimentation d'eau se fait au moyen de tunnels qui avancent dans le lac en en suivant le fond et viennent aboutir à une grande distance du rivage à des puits dont la margelle s'arrête peu au-dessous de la surface de l'eau, pour éviter tout entraînement de la vase du fond. C'est par ces tunnels que sont alimentées les pompes qui refoulent l'eau dans les tuyaux de distribution.

Mais, d'un autre côté, les égouts se déversent aussi dans le lac, de sorte que les conditions de salubrité de la ville risquent d'être menacées à la longue. Aussi prévoit-on l'établissement d'un canal à grande section, traversant la ligne de partage des eaux du Michigan pour rejoindre le bassin du Mississipi par son affluent l'Illinois.

Ce canal servirait à l'écoulement des égouts tout en ouvrant sur le Mississipi une voie navigable pour des navires de fort tonnage.

Comme nous l'avons dit, Chicago n'est pas seulement un entrepôt pour les productions agricoles de la région immense qu'elle dessert, mais c'est encore une ville industrielle de premier ordre.

Pour la production du fer et de l'acier, elle ne cède en importance qu'à Pittsburgh. Elle consomme d'abord des quantités considérables de fontes au bois produites dans les forêts du Michigan et du Wisconsin, pour la fabrication des poêles, des fourneaux de cuisine, des étuves, dont cette ville est le plus grand marché aux Etats-Unis. Cette fonte sert aussi à faire une grande quantité de pièces mécaniques en fonte malléable. Il en entre beaucoup dans la construction des moissonneuses, car Chicago est le grand centre de fabrication de ces appareils, dont le type presque universellement adopté est l'invention de M. Cyrus H. Mc Cormick et est fabriqué dans l'établissement de ce nom, à raison de 160.000 machines par an, au prix de 150 dollars la moissonneuse liant la gerbe, de 100 dollars la moissonneuse ne liant pas la gerbe, et de 110 dollars la faucheuse pour herbe.

Mais l'emploi le plus important de cette fonte au bois est celui qui s'en fait pour la fabrication des roues de wagons à jante trempée en coquille. Une seule maison de Chicago : Griffin Wheel and Foundry Co., en produit 7 à 800 par jour.

Outre cela, dans le voisinage immédiat de la ville, il y a 19 hauts-fourneaux au coke, dont 4 en construction ; 17 d'entre eux appartiennent à la Illinois Steel Co., créée par la fusion de plusieurs grands établissements.

Le coke employé vient en partie de Connelsville et en partie de l'Ouest de l'Etat de la Virginie. En comparaison de Pittsburgh, il est grevé des frais de 700 kilomètres de transport supplémentaire par chemin de fer. Par contre, les minerais des lacs sont plus rapprochés, mais ce qui constitue le principal avantage, c'est d'avoir beaucoup moins de frais pour livrer les produits finis dans tout le Nord-Ouest des Etats-Unis.

Pour le chauffage domestique, on reçoit beaucoup d'anthracite de Pensylvanie. Quant à la houille bitumineuse, elle est fournie en grande partie par les mines de l'Etat d'Illinois même. Le pétrole arrive du district de Lima par une conduite de 3 à 400 kilomètres de long.

Chicago a des fabriques importantes d'outillages pour exploitation de mines et traitement mécanique de minerai, qui s'expédient dans le monde entier.

La fabrication des fils barbelés pour clôture se fait sur une grande échelle à Joliet, à 70 kilomètres environ au sud de Chicago.

Citons encore :

1° Les ateliers de construction de wagon à Pullmann-Ville, sur lesquels nous reviendrons plus loin ;

2° Le chantier de construction de navires pour la navigation sur les lacs, en installation et dans lequel on prévoit des dispositions nouvelles pour économiser la main-d'œuvre ;

3° Une fabrication de bandages coulés à moyeu creux sur un noyau en acier rétrécissable. Ces bandages sont laminés directement sans avoir recours au pilon ;

4° La fabrique de boîtes pour conserves de MM. Norton frères. M. Edwin Norton est l'inventeur d'une série de machines qui découpent, plient, agrafent les boîtes automatiquement, attachent les fonds et les couvercles, les essaient comme étanchéité, les comptent et les délivrent en magasin, sans qu'on ait pour ainsi dire besoin de les toucher. Les machines de ce genre fonctionnant à Chicago, à New-York, à San-Francisco et au Canada ont une puissance de production de 800.000 boîtes par jour.

Une machine du même inventeur lamine en feuilles la soudure prise à l'état fondu, avec assez de succès pour donner à M. Edwin Norton l'audacieuse conviction qu'il arrivera à laminer l'acier pris à l'état fondu directement en feuilles pour fer-blanc, de sorte qu'il est en train de monter un atelier dans ce but.

Dans la matinée de notre arrivée, l'honorable M. D.-C. Cregier, maire de la ville, nous souhaite la bienvenue.

Immédiatement après, de nombreuses voitures nous conduisent au Washington Park Club, où nous attend un excellent déjeuner.

Nous avons le plaisir, M. Bayard et moi, d'être fort aimablement accueillis par le consul général français, M. Bruwaert, membre du Comité local de réception. Grâce à ses soins obligeants, nous nous trouvons à une table où tout le monde parle français. Je reconnais un camarade de promotion, architecte à Chicago, et fais la connaissance d'un compatriote établi à Détroit (Michigan) qui nous donne des détails très intéressants sur l'importante industrie de la carbonisation des bois pour charbon de hauts-fourneaux. Cette opération s'exécute sur une grande échelle dans des cornues en fer avec utilisation des produits accessoires, et M. Mathieu a fait faire d'importants progrès à la construction et à la disposition des fours et appareils employés dans ce but.

Dans l'après-midi, visite aux abattoirs.

L'industrie de la boucherie et de la charcuterie est concentrée dans les usines de quatre grandes Compagnies qui ont su s'arranger pour obliger les éleveurs, même d'Etats très éloignés, à leur expédier leur bétail pour recevoir la viande abattue.

Ces maisons ont un matériel roulant immense de wagons réfrigérants que nous avons rencontrés partout sur notre long parcours.

Les parcs qui entourent les abattoirs peuvent contenir à la fois :

25.000 bœufs ou veaux ;

150.000 porcs ;

14.000 moutons.

En 1889, il est entré en moyenne par jour (en comptant 300 jours de travail :

10.000 bœufs ou veaux ;

20.000 porcs ;

6.000 moutons.

Un seul de ces établissements, le plus important il est vrai, Armour et Cie. emploie 6.000 ouvriers.

Les bêtes à abattre sont amenées au plus haut étage. Les bœufs montent eux-mêmes par des plans inclinés au lieu de leur supplice. Ils traversent une série de compartiments pour arriver finalement par paires dans d'étroites stalles à plancher pivotant, qu'une cloison mobile sépare de l'atelier de dépeçage. On circule au-dessus des compartiments sur des planches dont le niveau dépasse très peu celui des cornes des bêtes. Les assommeurs se tiennent au bord des stalles. Ils sont armés d'une masse de 2 à 3 kilog., terminée en goutte de suif et à long manche. Au moment voulu, d'un coup de masse frappé au milieu du front, presque sur la ligne des cornes, l'assommeur défonce le crâne ; la bête tombe comme un plomb. Un second coup assomme son compagnon, la cloison se lève, le plancher pivote et jette les corps pantelants dans l'atelier voisin, aux pieds des équarisseurs.

Cependant quelquefois, au moment où la masse va frapper, le bœuf tourne la tête, le coup porte à côté, l'animal baisse la tête, arque son dos, se tord sous la douleur ; mais l'étroite stalle le force bientôt à reprendre sa position, pour recevoir un second coup qui est mortel. En un instant, les bœufs sont accrochés, pendus par les pieds de derrière, saignés d'un coup de couteau et tournoient en répandant sur le sol un jet de sang que la déclivité du plancher conduit aux rigoles d'écoulement. L'écorchage et le dépeçage commencent, et, 25 minutes après, les quartiers sont déjà suspendus dans les immenses salles réfrigérantes qui ouvrent, à l'autre extrémité, de plain-pied sur les wagons réfrigérants destinés à les emporter.

Le froid est maintenu au moyen de tuyaux à circulation de solution froide, fixés au plafond ; les planchers sont recouverts de sciure de bois.

Les porcs sont simplement saignés. Un homme, les jambes protégées par du cuir, stationne dans le parc des pauvres pachydermes il tient une menotte s'ouvrant et se fermant comme des ciseaux, attachée à un bout de chaine. Il se baisse ; la jambe de derrière est prise dans la menotte, la chaine passée à un crochet qui enlève la bête et la présente, la tête en bas, à la fenêtre du tueur. Celui-ci l'attire, donne son coup de couteau et, d'une poussée, envoie l'animal suspendu à une poulie roulante, agoniser à quelques pas derrière lui.

Le sang n'a pas bien fini de couler que le porc est plongé dans un bac d'eau bouillante où plusieurs autres cadavres roulent déjà sur eux-mêmes par l'action de palettes tournantes. Au bout du bac, ils sont repêchés par les bras recourbés d'un arbre qui les jette sur les râcloirs. Ces râcloirs sont fixés sur des cylindres tournant en sens inverse l'un de l'autre ; le corps est ballotté vivement entre les cylindres. Un homme a passé un crochet à émerillon dans le groin pour maintenir le corps en ligne entre les deux cylindres ; il profite de l'instant pour détacher les soies de la tête que les râcloirs ne peuvent atteindre. Le porc est ensuite suspendu la tête en bas ; celle-ci est coupée, le corps ouvert et vidé, les différents organes mis dans des paniers différents, et les quartiers roulent aux salles de refroidissement.

Ces établissements contiennent, d'ailleurs, tous les ateliers accessoires pour dresser la viande, la saler, la fumer pour les fabrications de saucisses, de la margarine, de l'extrait de viande, pour l'emballage et pour faire des engrais avec les déchets.

Une telle concentration d'ateliers superposés ou contigus ne permet pas de donner du jour à tous ; aussi, beaucoup d'entre eux sont éclairés à la lumière électrique.

Au point de vue industriel, c'est admirable ; on comprend difficilement qu'on puisse faire mieux et plus vite. Mais cette concentration en un seul point de ce qui, divisé chez nous passe inaperçu, a quelque chose d'horrible : on sort de là oppressé, en se disant que l'humanité devrait pouvoir s'épargner cette horreur.

Serait-il chimérique d'espérer que nous arriverons un jour à créer de toutes pièces des aliments azotés ?

Le même soir, grande réception à l'Auditorium, magnifique hôtel avec salles de réceptions et de concerts qui a coûté 20 millions de francs. Le lendemain, 14 octobre, visite à l'usine à rails de South Chicago, le plus récent établissement de la puissante Illinois Steel Cⁱᵉ qui occupe 10.000 ouvriers dans ses différentes usines.

L'usine de South Chicago est à 30 kilomètres au Sud de la ville, sur les bords du Michigan. C'est une installation de hauts-fourneaux, Bessemer et laminoirs pouvant produire 1.000 tonnes de rails par jour. Les lingots sont coulés pour 6 longueurs, démoulés et chauffés verticalement, passés au dégrossisseur, puis coupés en deux et laminés en trois longueurs. Le laminage se fait automatiquement, comme dans toutes les nouvelles usines de ce genre.

J'ai tâché de savoir quels étaient les ingénieurs qui avaient plus particulièrement concouru, dans les différentes usines, aux perfectionnements de ces laminages automatiques et des installations nouvelles. On m'a cité les noms de MM. Julian Kennedy, Robert Forsyth, Aiken, que je crois de mon devoir de reroduire ici.

Les chaudières sont chauffées au pétrole, qui arrive directement par tuyaux du district pétrolifère.

À remarquer la belle organisation des quais de déchargement au bord du lac. Le minerai sortant des cales des grands bateaux à vapeur est mis automatiquement en tas réguliers par des appareils spéciaux composés de ponts roulants, sur lesquels les bennes tirées par des câbles circulent et se vident par un arrêt, à l'endroit voulu ; en déplaçant l'arrêt, on fait le tas en travers, et en faisant rouler les ponts on le fait en long. Ici, comme ailleurs, les provisions de coke, de minerai, de castine, au pied des hauts-fourneaux, sont abritées par de longues halles.

La seconde visite de la matinée est consacrée à une usine nouvelle couverte de constructions provisoires et destinée à fabriquer des roues en acier, coulées avec le bandage ; celui-ci est ensuite soumis à l'action d'un laminoir à bandages vertical, de construction spéciale.

L'acier des roues est produit dans un convertisseur système Robert de deux à trois tonnes. Les roues sont coulées avec leur moyeu creux, leurs bras et une épaisse jante à boudin. Après ébarbage, on les réchauffe dans un four, à proximité du laminoir. Au sortir du four, la roue est vissée par son moyeu creux sur un pivot fixé au milieu d'un plateau en fonte. Ce pivot prolongé en dessous porte un contrepoids pour équilibrer le tout autour de deux tourillons venus au pourtour de la couronne du plateau et par lesquels le tout repose sur un wagonnet. La roue étant ainsi mise en place, une rotation d'un quart de tour la rend verticale. Le wagonnet est poussé en avant, de façon que la roue vienne s'appliquer dans un emprunt au centre du laminoir, dans l'intérieur d'un fort cercle qui porte 5 galets au profil du bandage. Ces galets tournent dans le même sens et sont graduellement serrés contre le bandage, qui est ainsi laminé, lisse, à dimensions et formes exactes sur tout son pourtour.

Après l'opération, les bandages sont empilés dans une fosse à recuire.

Enfin, la journée se termine par la visite de la ville et ateliers de Pullmann.

La Compagnie qui construit les wagons-lits de Pullmann reste propriétaire de tout le matériel qui circule sur les lignes des Etats-Unis.

Il y a onze ans, lorsque cette Compagnie se décida à installer ses principaux ateliers à Chicago, M. Georges Pullmann choisit pour cela un terrain un peu surélevé aux abords du lac Calumet, nappe d'eau peu profonde qui se déverse par un petit cours d'eau du même nom dans le lac Michigan. L'intention de M. Pullmann étant de créer une ville industrielle modèle, rien n'avait été négligé de tout ce que pouvait inspirer une prévoyante sollicitude pour le bien-être du personnel.

Système d'égouts parfaitement conditionnés, de jolies maisons bien aménagées avec tout le comfort nécessaire, à loyers modérés, bibliothèque, caisse d'épargne, écoles, théâtres, musique.

Les ateliers sont très considérables et ne servent pas seulement à la construction et à la réparation des wagons-lits, mais on y fabrique, en outre, des wagons ordinaires de voyageurs et de marchandises, des wagons de tramways. Ils peuvent produire par semaine trois wagons-lits, dix wagons de voyageurs, et deux cent quarante wagons de marchandises.

La Compagnie fabrique elle-même son fer, son acier, son bronze. Pour le travail du bois, elle a un outillage des plus perfectionnés. Elle a aussi un atelier spécial de galvanoplastie.

Le Sud.

Le même soir, nous quittons Chicago en nous dirigeant vers le Sud dans trois trains, tandis que deux autres trains emportaient le reste des invités vers le Nord.

Pendant deux nuits et un jour les wagons sont notre demeure ambulante.

Dès le lendemain de notre départ, la différence de climat s'accuse. Nous commençons à voir les premières cultures de coton dans les parties défrichées le long de la voie. Le pays est en grande partie boisé et la forêt renferme trois espèces de noyers dont l'un est le fameux hickory dont le bois est si estimé et sert à faire ces roues de voitures si légères et si solides.

Un arrêt imprévu nous permet de visiter un embryon de village, centre agricole naissant. Un magasin unique vendant de tout en est l'établissement principal; des clients viennent à cheval de fermes voisines faire leurs achats et s'enquérir des nouvelles.

Le 16, au matin, nous arrivons à Birmingham dans l'État d'Alabama, à un degré près la latitude des pyramides d'Égypte. Les trains sont remisés à côté de la gare et nous servent d'hôtel.

Cette ville, qui comptait 3.500 habitants en 1880, en avait 53.000 dix ans après. Elle contient déjà de grands et beaux bâtiments, jouit d'un réseau de tramways étendu et d'un éclairage électrique très efficace. Elle est devenue en peu de temps un centre métallurgique très important; la production de la fonte s'y est développée dans le même rapport que sa population. Cette production, qui était en effet de 46.000 tonnes en 1880, s'est élevée à 1.330.000 tonnes du 30 juin 1889 au 30 juin 1890.

Dans les alentours, il y a actuellement 22 hauts-fourneaux. Les excursions qu'on nous fit faire par trains spéciaux pendant deux jours dans les environs avaient pour but de nous montrer les richesses en houille, en minerai et en castine.

La houille, en couches de 1 à 3 mètres de puissance, est, à peu d'exceptions près, exploitée par les affleurements en descenderies, la pente de la couche étant assez faible pour permettre de la suivre sans escaliers. Les bennes sont remontées par des câbles sur les plans inclinés. Le principal bassin est celui du Warrior, dont l'étendue est évaluée à 19.600 kilomètres carrés.

Le coke obtenu est de bonne qualité comme conditions physiques et renferme de 7 à 16 p. % de cendres, de 0,6 à 1,0 p. % de soufre, et est généralement fait avec la houille non lavée.

Le minerai dont on dispose est de deux sortes :

1° Le Clinton ou minerai rouge qu'on trouve en couches stratifiées dans un terrain qui affleure du Nord au Sud parallèlement à la chaîne des monts Alleghany. Il est postérieur au silurien, le dévonien manque.

C'est une hématite rouge stratifiée fossilifère; elle est siliceuse sans calcaire dans les couches supérieures, qui donnent jusqu'à 50 p. °/₀ de teneur en fer. A mesure qu'on descend en profondeur, la teneur en calcaire augmente rapidement, le minerai devient plus compact et sa richesse en fer diminue graduellement jusqu'à 25 p. °/₀. Nous avons vu à la mine d'Ishkooda un affleurement de minerai tendre exploité à ciel ouvert. Les trous de mine se perçaient avec des perforatrices à air comprimé, on faisait sauter de gros blocs qu'on débitait à la masse et à l'aide de coins.

Le minerai tendre est souvent mêlé au minerai dur pour composer le lit de fusion. Ces minerais sont exempts de soufre, mais renferment de 0,3 à 0,5 de phosphore.

2° Le minerai brun (brown ore) se rencontre en nodules concrétionnés entourés d'argile; il est soumis à un débourbage. L'appareil généralement employé pour cette opération consiste en une auge demi-cylindrique dans laquelle tourne un gros arbre en bois dur. Le pourtour de cet arbre est garni suivant une ligne hélicoïdale de coussinets en fonte analogues à des coussinets pour rails, qui maintiennent des cames en acier inclinées suivant l'hélice. Ces cames remuent le minerai et le font avancer vers le bout de la caisse par lequel arrive l'eau fraîche et finissent par le jeter dehors. L'eau bourbeuse s'écoule à l'autre bout de la caisse où l'on charge le minerai à laver. Ce minerai est généralement grillé et peut atteindre alors une teneur de 60 p. °/₀. Il est peu phosphoreux, mais renferme un peu de soufre.

Comme résultat définitif, on assure que les prix de revient de la fonte oscillent entre 4 et 5 francs. Les ports d'embarquement les plus rapprochés, Mobile et Pensacola, sont à la distance de 4 à 500 kilomètres, de sorte que tôt ou tard ce district pourra devenir un important centre de production pour l'exportation.

Actuellement, une partie de cette fonte est transformée en fer dans des usines autour de Birmingham, mais la majeure partie est employée et vendue comme fonte de moulage.

Une importante usine venait de se créer pour produire environ 200 tonnes de tuyaux en fonte par jour.

La production de l'acier dans le district est encore nulle. Vu la teneur en phosphore des fontes, l'emploi du four sur sole basique paraît spécialement indiqué.

Une seule usine, celle de North Birmingham, a commencé à faire des essais dans ce sens.

Sauf de rares exceptions, les établissements sont loin d'être montés avec un outillage aussi puissant et aussi perfectionné que celui que nous venions de voir dans le Nord. Dans les cours à peine défrichées de bien des usines, on voit encore,à côté des riblons et des scories,les souches des arbres de la forêt primitive qu'on s'est contenté de couper à hauteur de genoux.

La grande majorité de la population ouvrière est composée de nègres, d'hommes de couleur, comme on dit poliment dans le pays. Ce sera peut-être là le plus sérieux obstacle à un développement rapide d'une industrie aussi raffinée que celle du Nord.

Dans beaucoup d'usines, les ouvriers sont logés dans des baraques en planches, d'un modèle uniforme, dispersées dans le voisinage. Pour les blancs, la promiscuité du travail avec les nègres doit être souvent pénible ; cependant, la condition de l'ouvrier blanc s'est bien améliorée depuis la guerre de sécession. Il était surtout à plaindre du temps où régnait encore l'esclavage. Dans la plupart des Etats du Sud, il y a encore une population ouvrière blanche qui descend des anciens immigrés de même race et de même provenance que ceux du Nord. Or, toute cette population, groupée surtout autour des filatures du pays, et désignée sous le nom de *craker* (1), est une population complètement dégénérée ; les femmes et les enfants se sont étiolés dans les filatures et les hommes vivent le plus souvent dans l'oisiveté et dans la plus misérable apathie.

Quand on voit dans l'Alabama ces richesses minières considérables dont la mise en valeur était en définitive plus facile que dans le Nord, on se demande pourquoi elles sont restées si longtemps inexploitées. En y réfléchissant et tout en tenant compte de la différence de climat, on arrive à conclure que l'infériorité du Sud sous ce rapport provient surtout de la prédominance des idées féodales chez ses premiers colons.

Les riches produits que leur donnait un soleil plus vif sur un terrain fertile leur ont rendu la vie trop aisée. Loin de chercher à élever à leur niveau leur entourage moins fortuné, ils mesuraient leur propre hauteur à la différence qui les en séparait. Plus cet entourage était misérable, plus ils se sentaient eux-mêmes supérieurs et privilégiés. Ils eurent recours à la malédiction de l'esclavage : dès lors, les immigrants blancs pauvres furent relégués avec les esclaves noirs ; de sorte que, négligée par ses maîtres, méprisée par ses compagnons de couleur, la population blanche n'a pu résister à un pareil régime et s'est dégradée et abâtardie.

---

(1) Voir *The Georgia Craker in the cotton mills*, *Century Magazine*, Vol. février 1891. *Union Square*, *New-York*.

Dans le Nord, au contraire, les descendants des Puritains d'Écosse et des Hollandais, les Nickerboker, sentaient qu'un progrès stable et sûr ne serait obtenu qu'à la condition d'élever le niveau intellectuel et moral de la nation entière. Aussi se préoccupent-ils avec le plus grand zèle de l'éducation et de l'instruction de leur entourage, ne ménageant aucune dépense dans ce but.

Il y avait là une différence d'idéal dans l'organisation sociale, irréconciliable, plus profonde encore que la lutte des intérêts et, au spectacle de la situation lamentable des classes déshéritées dans le Sud, la terrible question : « Caïn, qu'as-tu fait de ton frère ? » devait fatalement venir aux pieux esprits de plus d'un homme du Nord.

Le choc était presque inévitable, et quoique les États du Nord fussent pris à l'improviste, leur triomphe était assuré, car ils formaient un tout plus homogène, d'une valeur moyenne bien supérieure.

Actuellement, ces luttes sont oubliées, et le concours des capitaux et des capacités des États du Nord n'a pas été étranger au développement industriel de ces riches contrées pendant ces dernières années.

La population noire n'en reste pas moins une lourde charge pour le pays ; on s'est mis sincèrement et courageusement à l'œuvre pour en relever le niveau, et lorsqu'on voit avec quelle rapidité la population blanche pauvre du Sud avait dégénéré, on n'ose pas affirmer que des efforts persévérants en sens inverse ne seront pas couronnés de succès.

Nous quittons Birmingham dans la nuit du 17 au 18 octobre, et passons le lendemain aux hauts-fourneaux au bois de Shelby, qui traitent du minerai brun grillé, pour nous arrêter à la belle petite ville d'Anniston et arriver enfin à Chattanooga le dimanche matin de bonne heure.

Un vaste hôtel au sommet du Look out mountain (Montagne-Bellevue), desservi par un plan incliné, devient notre résidence. De cette montagne, qui domine la ville et d'où l'on peut suivre au loin les méandres du Tennessee, on a réellement une vue de toute beauté.

Cette montagne et les environs ont été le théâtre d'une lutte acharnée pendant la guerre de sécession. Le terrain y a été disputé pied à pied. Un cimetière national renferme 12.000 tombes de soldats fédéraux.

Nous sommes favorisés par un temps superbe, et, dans l'après-dîner, le général Schmidt, un des acteurs de cette lutte, mort depuis notre voyage, fait une conférence du haut d'un rocher qui lui permet d'indiquer tous les points dont il parle.

Au point de vue industriel, à citer :

Une importante fonderie pour tuyaux de fonte. — Une tannerie qui passe pour la plus grande du monde. — Une aciérie où se trouve un four à sole basique, le premier en marche courante dans ces régions.

Le tramway électrique de Chattanooga mérite une mention spéciale, en ce qu'il dessert de longues rampes de 75 millimètres de pente par mètre.

Comme dans les autres tramways du même genre, la voiture porte sur son toit un petit mât incliné vers l'arrière qui cueille, au moyen d'une poulie à gorge, le courant sur le fil nu suspendu au-dessus de la voie. Ce courant passe par les deux dynamos fixées sur les essieux, et un excentrique placé sur l'un d'eux actionne une pompe reliée au frein à vide.

A Chattanooga, j'abandonne mes compagnons de route pour aller directement à Washington.

Je renonce ainsi à voir : 1° la ville naissante de Middlesborough (1), où une usine à hauts-fourneaux, entre autres, s'est montée avec des capitaux anglais ; — 2° L'usine à zinc de Pulaski et ses hauts-fourneaux ; — 3° Le district houiller de Pocahontas, qui passe pour fournir la meilleure houille pour bateaux à vapeur.

En route pour Washington, je dois signaler comme chose exceptionnelle qu'au buffet de Lynchburg, un vin de fort bonne qualité de l'Etat de Virginie était compris dans le prix du repas. Il était exempt du goût spécial de cassis que j'ai trouvé au vin de Californie que j'eus occasion de goûter.

Washington.

Située sur les bords du Potomac, Washington diffère complétement des villes industrielles que nous avions vues et rappelle tout à fait une belle capitale européenne. Les trottoirs sont soignés et spacieux ; les rues larges, bien entretenues, offrent une circulation commode aux voitures et font le bonheur des bicyclistes, qui y abondent.

Le plan de la ville fut tracé par un architecte français. Les rues dirigées de l'Est à l'Ouest sont désignées par des lettres, celles qui courent Nord-Sud par des chiffres. Le Capitole est à l'intersection des axes des coordonnées, les signes + ou — sont remplacés par les désignations Est ou Ouest, Nord ou Sud. De grandes avenues rayonnantes partent en outre du Capitole.

C'est à Washington que se décident tous les intérêts généraux de ce grand pays, et les hommes d'Etat qui ont spécialement à leur charge

(1) Voir, page 29, la communication de M. Leclerc.

de maintenir l'union de ces vastes territoires et de préparer l'avenir ont déjà parmi leurs prédécesseurs de nobles exemples à suivre.

A côté de Washington, on évoque la grande et simple figure de l'honnête Lincoln.

Parmi tant de graves mesures qu'il eut à prendre pendant la période si troublée de la guerre de sécession, il n'y en eut peut-être pas de plus féconde en conséquences heureuses que celle qui consista à éviter toutes représailles.

La lutte terminée, il n'y eut plus une goutte de sang versé. Aussi la prévoyante clémence des hommes d'Etat d'alors se trouve-t-elle aujourd'hui pleinement justifiée. Tout antagonisme a disparu et la nation entière puise une commune fierté dans la conscience de sa puissante unité.

Outre le Capitole où siègent les députés, le Sénat et le Tribunal suprême, il faut citer parmi les principaux édifices :

Le palais de la Trésorerie et celui des ministères d'Etat, de la marine et de la guerre, flanquant de chaque côté la Maison-Blanche, résidence du Président de la République ;

La Poste ; — Le vaste bâtiment consacré aux dossiers des pensionnés de la guerre ;

Pour des ingénieurs, le Palais des patentes ou brevets mérite une mention spéciale ; ce Palais constitue en effet un vrai Conservatoire ou Musée où sont représentées par des modèles les innombrables inventions du génie humain.

Outre le personnel remarquable des fonctionnaires qui y est attaché, cet établissement groupe autour de lui des capacités de premier ordre, comme ingénieurs et comme légistes, et donne lieu à un grand mouvement d'affaires.

Quoique Washington ne soit pas une ville industrielle, il est bon cependant de rappeler que c'est là que se trouvent les ateliers pour le finissage des canons, la fabrication des obus, des affûts, etc., du matériel de guerre de la marine. Ils sont installés dans le Navy-Yard, ancien chantier de construction de navires que la diminution de profondeur des eaux du Potomac a fait consacrer plus spécialement à cette nouvelle destination. Ces ateliers renferment un outillage très perfectionné et disposent d'une force motrice totale de près de 1.000 chevaux.

Grâce à l'obligeance d'un ancien camarade de l'Ecole centrale, M. Pollock, il nous fut donné de voir en essai, sur une longueur de plus d'un kilomètre, dans un faubourg de la ville, un curieux système de propulsion pour tramway, dont je tâcherai de faire comprendre le principe.

Le milieu de la voie est occupé par une tranchée recouverte, analogue à celle qui sert à loger les câbles de traction ; mais, à la place du câble, est installée une ligne de cylindres en fonte de 25 à 30 centimètres de diamètre tournant sur des collets étroits. Cette ligne de cylindres est maintenue en rotation par des machines à air comprimé établies sous les trottoirs, de distance en distance. C'est sur ces cylindres que le tramcar prend son mouvement ; dans ce but, il porte une fourche à deux galets reliée à la voiture par une barre. Ces deux galets sont appuyés contre le cylindre et serrés contre lui. Si les deux axes des galets sont parallèles à l'axe du cylindre, les galets tournent, mais restent en place et peuvent servir de frein. Or, un mécanisme à la portée du conducteur permet d'incliner les axes de ces galets sur l'axe des cylindres. Si on les incline dans un sens, ils avancent sur les cylindres tournants et entraînent la voiture ; en les inclinant dans l'autre sens, la voiture marche en sens inverse.

Le 25 octobre, l'expédition du Nord, après avoir passé au Niagara, vient nous rejoindre à Washington, afin d'assister avec nous le lendemain à la réception que le Président des Etats-Unis nous faisait l'honneur de nous accorder.

A l'heure fixée, nous nous trouvons réunis à la salle de réception. La musique entonne le *Hail Columbia*, au son duquel le cortége présidentiel, composé de M. Harrisson et d'un certain nombre de secrétaires d'état, accompagnés de leurs femmes, font leur entrée par une grande porte centrale.

Le défilé commence. En passant, nous donnons nos noms à un huissier, qui les répète à haute voix, et tous les membres du Congrés reçoivent une poignée de main de M. le Président.

Le même soir, concert et bal à l'hôtel Arlington. Parmi les personnages qui faisaient les honneurs à l'entrée, se trouvait l'ancien chef de la station polaire, M. Greely, aujourd'hui général, l'un des rares survivants miraculeusement sauvés de cette terrible expédition.

Baltimore.

Le 27 au matin, la dislocation commence ; les voyageurs du Nord retournent à New-York. Quant à l'expédition du Sud, il lui restait à voir les chutes du Niagara, où des trains spéciaux allaient la conduire de Baltimore. En route, nous devions visiter, à Sparrow's Point, la dernière et la plus récente de ces colossales aciéries.

Cette usine appartient à la Pensylvania Steel Cᵒ, une des grandes Compagnies métallurgiques les plus prospères et les mieux dirigées des Etats-Unis.

Elle possédait déjà les importantes aciéries de Steelton, près Harrisburg, créées en 1865, où elle consommait surtout des minerais d'Espagne et d'Afrique. Mais s'étant entendue avec la Compagnie de Bethlehem pour acquérir les mines considérables de Jaragua, dans l'île de Cuba, qui donnent un minerai riche et pur, elle avait tout avantage à chercher une nouvelle position dans le voisinage d'un port important, d'autant plus qu'il entrait aussi dans ses vues de faire de la tôle et d'installer un chantier de construction de navires.

Dans cette prévision, elle acheta une grande étendue de terrain à Sparrow's Point, à 14 kilomètres de Baltimore, à l'embouchure du Patapsco, et construisit une voie pour se relier aux réseaux des principaux chemins de fer, ainsi qu'un bout de canal maritime et deux grands quais de débarquement.

Sur quatre hauts-fourneaux projetés, deux sont construits.

La fonte, prise directement aux hauts-fourneaux, sera convertie en acier dans 4 grandes cornues de 18 tonnes de capacité, pouvant produire 2.000 tonnes de lingots par jour.

Les lingots seront dégrossis à un reversing de 0ᵐ,915 de diamètre de rouleaux ; les cylindres à vapeur ayant 1.067 de diamètre et 1.525 de course.

Une cisaille hydraulique doit affranchir le bout des lingots qui passeront aux trios pour rails, à rouleaux de 0ᵐ,66 de diamètre, mus par des machines Porter-Allen de 1ᵐ,22 de diamètre de cylindres par 1ᵐ,68 de course. Le maniement des passes au laminoir sera, comme toujours, mécanique et pourra s'opérer sur des longueurs de 55 mètres, le tout en une chaude.

L'atelier de construction des machines et celui des modèles sont en pleine activité.

Une grande halle à fours Siemens-Martin avec laminoirs pour tôle et pour profilés est projetée et va s'installer sous peu.

Plusieurs cales sèches pour construction de bateaux à vapeur sont déjà faites. Une grue de 100 tonnes est en construction.

Quand cet établissement sera en marche, il rendra certainement la vie dure, par la qualité et la quantité de ses produits, à quelques-uns des autres grands établissements que nous avons vus.

Le Niagara.

Le même soir, nous partons pour le Niagara, où nous trouvons facilement l'emploi de deux journées, pour voir sous toutes ses faces le prodigieux spectacle de cette masse d'eau dont le débit est estimé de 7 à 8.000 mètres cubes par seconde et la hauteur de chute à 50 mètres environ ; la différence de niveau des lacs Érié et Ontario est de 99 mètres.

Le Niagara supérieur est actuellement divisé en deux, au point de chute, par une île, de sorte qu'il y a deux chutes. Celle de la rive gauche, côté canadien, débitant la grande masse d'eau, se rongera plus vite, et, quand elle aura fait le tour de l'île, l'autre branche restera probablement à sec.

Le Niagara inférieur a été, en effet, creusé par l'avancement successif de la cataracte qui, par son action, détruit peu à peu les roches les plus dures. Il est encaissé sur un long parcours, en aval de la chute, par de hautes falaises presque à pic sur la rive droite. Les pieds des deux chutes actuelles forment par leur jonction un bassin assez large provenant de la démolition d'une partie de l'île, de sorte que le courant y est faible et permet à une chaloupe à vapeur d'y faire circuler les touristes.

Mais, plus bas, le lit se rétrécit de nouveau entre les falaises ; il devient tellement étroit et la pente si grande que l'eau y acquiert une violence inouïe. Ce sont les narrows ou gorges du Niagara inférieur.

Le fleuve inférieur est traversé par trois ponts, dont l'un suspendu pour chemin de fer et chemin carrossable superposés. L'autre est un pont (cantilever) fini en 1883, prototype du fameux pont du même système du Firth of Forth, en Angleterre.

Un certain nombre d'usines se sont installées sur le haut des falaises du fleuve inférieur ; un canal qui leur amène l'eau du niveau supérieur leur fournit un nombre respectable de chevaux. Mais ces usines n'utilisent que le tiers tout au plus de la hauteur de chute et laissent tomber l'eau des canaux de fuite en autant de cascades sur la pente des falaises.

À côté de cette utilisation embryonnaire, une Société, qui a la concession de 120.000 chevaux de force à prendre sur le fleuve, s'est mise sérieusement à l'œuvre. Elle a nommé une Commission d'ingénieurs qui ont donné un programme au concours dans le monde entier pour les différentes parties de l'entreprise et ont affecté aux meilleurs projets des récompenses considérables. De cette manière, la Commission a toutes chances d'obtenir, pour ces installations, ce que l'esprit humain a pu produire de mieux à notre époque. Ce qui caractérise cette entreprise, c'est la grandeur de son échelle.

Il sera peut-être difficile de trouver en peu de temps la location d'une force si considérable ; mais, une fois ce point acquis, on ne peut guère imaginer une force motrice plus constante et plus économique, car l'entretien à prévoir parait faible.

Ces 120.000 chevaux ne représentent que 1/25 de la force motrice totale utilisable de la chute.

En admettant qu'on arrive un jour à utiliser les 2/3 de cette force, cela ferait deux millions de chevaux et représenterait aujourd'hui l'équivalent d'une mine de houille d'où sortiraient, dans chacune des 24 heures de la journée, mille wagons de dix tonnes chargés de combustible.

L'État a acheté les terrains qui entourent la chute sur la rive américaine et en entretient les abords, dont l'accès est partout libre aux touristes.

De retour à New-York, j'eus encore occasion de voir quelques établissements.

L'importante et ancienne usine de Bethlehem ne se trouvait pas sur le parcours du Congrès ; mais, une fois la tournée finie, cette Compagnie eut l'amabilité d'inviter à une visite MM. les Présidents et les membres les plus en vue des deux Sociétés de maîtres de forges européennes, et accueillit, d'ailleurs, avec la même cordialité qui nous a été témoignée partout, les membres isolés qui demandaient à visiter.

Cet établissement a été un des pionniers de la fabrication de l'acier Bessemer aux États-Unis, sous la direction technique de M. John Fritz, ingénieur des plus remarquables de son époque par ses capacités, et des plus estimés comme directeur d'usine par l'élévation de son caractère.

Les cornues Bessemer sont relativement petites et témoignent d'un long usage. Les fours Siemens-Martin sont rangés sur une ligne, la fosse de coulée devant ; derrière, à hauteur convenable, un plancher en tôle pour le chargement est desservi par un monte-charge. Cette installation ressemble par sa disposition à celle d'une aciérie de Westphalie à laquelle elle pourrait bien avoir servi de modèle.

Le renversement des gaz se fait par doubles soupapes parallèles mues hydrauliquement.

Les poches sont chauffées debout au moyen d'un chalumeau, de sorte qu'elles sont immédiatement prêtes pour recevoir la coulée.

Les souffleries du Bessemer sont horizontales avec distribution à soupapes pour la vapeur d'un dispositif excessivement simple.

A mon passage, les bouts des rails qu'on laminait n'étaient pas sciés d'équerre comme d'habitude, mais bien sous un angle de 45°. Cette opération avait certainement pour but de diminuer les chocs au joint des rails entre les éclisses et elle se faisait en donnant un mouvement de rotation à la scie qui était portée par un support cylindrique horizontal pouvant tourner dans une enveloppe.

L'usine de Bethlehem s'est outillée sur une grande échelle pour la fabrication des canons et des blindages. Pour cette dernière fabrication, elle s'est entendue, comme on sait, avec le Creusot, et son outillage est, je crois, actuellement dans ce genre le plus puissant au monde. Elle s'est attaché pour ce nouveau service **M. W. H. Jaques**, qui avait été dans le temps, comme lieutenant de vaisseau, le rapporteur de la Commission envoyée en Europe par le Gouvernement des Etats-Unis pour étudier l'armement de la marine. Le rapport de M. Jaques avait été très remarqué; on y trouvait, entre autres, les détails des procédés employés par Witthworth pour la compression des lingots d'acier à l'état liquide. Bethlehem a en fonctionnement une presse de ce genre construite par Withworth.

J'ai eu occasion de voir dans cette usine des lingots comprimés à l'état liquide de 900 millimètres environ de diamètre, cylindriques, de plusieurs mètres de long, qui avaient été tronçonnés au tour; les sections ne laissaient voir aucune soufflure, et les tronçons les plus rapprochés du haut ne montraient aucun indice de retrait, preuve que le but qu'on se proposait avait été atteint.

L'usine possède, en outre, une presse à forger également de Withworth. Un pilon de 125 tonnes de poids mobile était monté et n'attendait plus que son marteau qui était au finissage sur le rabot.

Le canon de 6 pouces (0ᵐ152) avec lequel ont été faits, l'année passée, les essais de plaques d'Annapolis, qui ont eu tant de retentissement, sortait des ateliers de Bethlehem.

En plus de l'outillage, ce n'était pas une petite affaire, pour une grande usine habituée à des fabrications relativement grossières comme celle des rails, de passer subitement à celle d'un acier comme celui des canons, pour lequel les exigences sont si grandes. J'estime qu'une transition de ce genre ne se fait pas sans tâtonnements ni sans mérite.

A ce point de vue, je dois encore citer une autre usine que j'ai visitée, et qui a été, je crois, une des premières à réussir les éléments des canons. C'est la Midvale Steel C°, des environs de Philadelphie, placée sous la direction technique de M. A. Petre, ingénieur suédois fort expérimenté.

Enfin, pour clore cette longue énumération d'usines, je ne crois pouvoir mieux faire que de dire quelques mots de l'important établissement de M. Grosjean, un de nos compatriotes.

MM. Lalance et Grosjean, de Montbéliard, ont créé dans le voisinage de Brooklyn, à Woodhaven, une industrie analogue à celle de MM. Japy. Cette usine, qui fait toutes espèces de fabrication d'emboutis en fer-blanc et surtout en tôle destinée à être émaillée, est devenue aujourd'hui un établissement de premier ordre occupant 1.200 ouvriers.

M. Grosjean ayant eu l'obligeance de me conduire à travers une partie des ateliers, j'ai été émerveillé de la puissance de cet outillage et de sa perfection, ainsi que de tant de dispositions ingénieuses qui y sont appliquées, et dans le détail desquelles il me serait difficile d'entrer. Ici encore, je crois que notre vieille Europe est dépassée. C'est l'opinion de personnes plus compétentes que moi, et nous aurions bien des choses à prendre pour nos industries similaires.

Les moufles qui servent pour les pièces émaillées sont chauffées au pétrole, qui arrive à l'usine sur wagons dans de grandes chaudières en tôle.

Ici, je demande à réparer un oubli : Je n'ai rien dit des nombreux clubs des villes commerciales et industrielles américaines. Ces établissements renferment le plus souvent, à côté de tout le confort de la vie comme cuisine, réfectoires, salles de lecture, bibliothèque, un certain nombre de chambres à coucher que chaque membre du Club a le droit d'occuper pendant plusieurs jours consécutifs. Cela est très commode pour le personnel des nombreuses usines groupées à une certaine distance autour des grands centres.

Dans toutes les villes où nous séjournions, nous recevions des cartes qui nous ouvraient obligeamment l'accès des principaux Clubs d'ingénieurs.

J'ajouterai encore quelques mots pour résumer brièvement certaines impressions générales. Ce qui vous frappe dans les conversations entre employeurs et employés, ouvriers et patrons, c'est le ton d'égale dignité de part et d'autre qui y préside ; on a comme le sentiment que les situations relatives peuvent changer rapidement et que le jeune homme intelligent peut vite arriver.

En causant avec des enfants de 13 à 14 ans, au regard sérieux, clair, délibéré, sans gêne comme sans effronterie, on voit qu'ils ont déjà des éléments pour apprécier les hommes et un vif sentiment de leur personnalité.

On sent que la pédagogie doit être comprise autrement que chez nous; que ces enfants n'ont jamais tremblé devant un maître et qu'on a surtout cherché à en faire le plus tôt possible des hommes indépendants, ayant conscience de leur valeur et de leur responsabilité. Dans mon opinion, c'est une nouvelle race qui se forme, supérieure à ce qui existe, par sa puissance et sa rapidité d'adaptation.

Dans les constructions mécaniques, les États-Unis nous ont dépassés. La machine Corliss a envahi l'Europe. Grâce à une précision extrême d'outillage, ils sont parvenus à faire triompher le principe de l'interchangeabilité. L'horlogerie, la fabrication des armes portatives nous montrent le parti qu'ils ont su en tirer. Je laisse de côté l'électricité et d'autres branches aux applications desquelles ils ont fait faire tant de progrès.

Si dans la métallurgie ils nous ont jusqu'à présent emprunté nos méthodes, ils les ont adaptées à leurs conditions de production. D'ailleurs, l'ouvrage sur la métallurgie de M. H. Howe, professeur à Boston, nous montre que la jeune génération d'ingénieurs a maintenant à sa disposition les mêmes éléments que nous pour servir de point de départ à de nouveaux progrès.

Avec un développement industriel aussi rapide que celui des États-Unis, il y aura certainement à prévoir des chocs terribles ; mais la droiture et le bon sens éclairé de la majorité du pays sauront modérer les conceptions exagérées et auront raison des entraînements momentanés de gigantesques brasseurs d'affaires.

On peut me reprocher, dans ce qui précède, d'être un panégyriste à outrance ; mais je pars de ce principe que si on veut s'améliorer soi-même, il faut surtout voir ce qu'il y a de bon chez les autres, et sous ce rapport, aux États-Unis, il y a beaucoup à voir.

Le jour du départ était arrivé. Les bagages mis à bord, les adieux faits, il me restait une soirée à passer sans préoccupations, livré à moi-même.

Je descendis à la Batterie, promenade du bout extrême de l'île, du côté de la baie.

En sortant de la partie la plus active de la ville, au-delà du bruit de la rue et du tonnerre des trains qui passent sur vos têtes, il vous semble ressentir le calme du désert.

Le soleil dardait ses derniers rayons par-dessus les collines de l'Hudson, la baie était plongée dans l'ombre, la tranquillité et la beauté du spectacle invitaient à la rêverie. La statue de la Liberté se détachait en teinte plus foncée sur l'arrière-plan de sa noble silhouette. Je m'identifiai pour ainsi dire inconsciemment avec l'artiste, un Alsacien comme moi, tenu éloigné par un coup de force du berceau de sa famille. Je comprenais maintenant si bien toutes les pensées qui lui avaient inspiré sa belle œuvre, et je ressentais pour lui un profond sentiment de reconnaissance, en quittant ce pays qui nous avait été si hospitalier.

Dans la même séance, M. Max Leclerc adressait à la Société les pages suivantes (qu'il autorise M. Brustlein à reproduire) :

Middlesborough.

Au mois de juin dernier, me trouvant en Angleterrre et pensant à faire un tour aux États-Unis dans le courant de l'été, j'entendis parler d'une ville nouvelle qui aurait poussé sur le sol américain comme un champignon. Cette ville, disait-on, avait débuté par 25 habitants en mai 1889, avait passé à 6.000 en juin 1890 et promettait de devenir une des grandes cités industrielles des États du Sud. Le cas me parut d'autant plus intéressant que, pour cette entreprise, l'argent avait été fourni par des capitalistes anglais, et que, parmi les actionnaires de la Compagnie dont je connaissais plusieurs, les avis différaient et les discussions étaient fort vives ; à côté des plus optimistes dont les rêves n'avaient point de bornes, il s'en trouvait d'autres pour prétendre que la ville n'existait même pas. Je m'embarquais quelques jours, après avoir entendu l'écho de ces orageuses discussions ; l'occasion me parut bonne de prendre sur le fait l'audace, l'esprit d'entreprise américains, et, à peine arrivé à New-York, je partis à la recherche de cette ville mystérieuse.

Je savais à peu près que Middlesborough (c'est le nom de la cité nouveau-née) devait être située quelque part dans le Sud-Est du Kentucky, au milieu des montagnes, non loin d'un col fameux, Cumberland-Gap, et du point où les frontières des trois-États de Virginie, Tennessee et Kentucky, convergent. Nulle trace de Middlesborough sur aucune carte, sur aucun itinéraire de chemin de fer. Je pouvais aborder Middlesborough par le Sud ou par le Nord, par Louisville ou par Knoxville ; je choisis le Sud et partis pour Knoxville en Tennessee, une importante station de la ligne de New-York à la Nouvelle-Orléans, à peu près à égale distance de ces deux points extrêmes. Comment irais-je de Knoxville à Middlesborough (110 kilomètres environ) ? Je n'en savais rien encore ; j'espérais bien trouver au moins une voie ferrée en construction.

Sur le point d'arriver, le pays devient de plus en plus montagneux ; la ligne suit le flanc des hautes montagnes boisées, au travers de gorges profondes et sauvages. Nous arrivons à Cumberland-Gap, le col fameux ; et, dans une petite vallée, j'aperçois, entre de puissantes fourches montagneuses, des maisons multicolores, bleues, rouges, vertes, jaunes, fraîchement peintes de couleurs vives : c'est Dillwyn Springs. Le train s'engage sous un tunnel long environ d'un kilomètre ; il débouche dans une gorge, contourne encore des contreforts montagneux et aboutit enfin à une large vallée qui s'épanouit sous le beau soleil et le ciel bleu du Sud : c'est Middlesborough ; Middlesborough existe !

La gare, une bâtisse en bois fort primitive, grouille de monde, de travailleurs de tout poil et de toute peau. Je me sauve, j'ai hâte de voir la ville. Je me trouve alors dans un dédale de fondrières, de lignes ferrées, de voies bien ou mal tracées et j'aperçois, surgissant de terre, comme jetées au hasard tout près de moi ou à perte de vue, des tentes, des huttes, des maisons de bois, de briques, de pierres, des églises, des banques. Ainsi des restes d'une grande ville qui aurait été saccagée, dévastée par un cyclone. Le sol est bouleversé ; pas un coin qui n'ait été fouillé, remué, comme s'il recélait des mines d'or ou de diamant. Au milieu de tout cela, un peuple de travailleurs affairés ; des véhicules de toutes formes, des trains de ballast, des chevaux, des locomotives.

Sur une colline dominant toute la vallée, à l'abri du drapeau étoilé, s'élève un édifice imposant, admirablement situé : c'est l'hôtel. J'y vais, j'y trouve cinquante personnes toutes fort intéressantes à observer : des Yankees, des hommes du Sud, des Anglais, même des dames, et fort élégantes.....

Avant de vous présenter tout ce monde en détail, il ne sera sans doute pas inutile de vous dire comment et pourquoi il se trouve ainsi réuni dans un hôtel étonnant de confortable, au milieu d'une vallée qui, il y a dix-huit mois, ne comptait pas une habitation humaine et servait de champ de bataille aux clans de montagnards sauvages ou bandits.....

Comme toutes les civilisations fondées sur l'esclavage, la société dans les États du Sud était, jusqu'à la guerre de sécession, restée purement agricole : entre l'aristocratie des planteurs et la plèbe des travailleurs noirs, tous vivant des grandes cultures (sucre et coton), il n'y avait point place pour la grande industrie. Les richesses minérales du Sud étaient ignorées ou dédaignées des autochtones; quant au Yankee, fort occupé de fouiller le sol, de creuser les puits de pétrole, d'exploiter les mines de houille, de fer, de cuivre, de créer les industries mécaniques en Pensylvanie, dans l'État de New-York, dans la Nouvelle-Angleterre, et d'aller à la conquête de l'Ouest, puis du Far-West, il n'avait pas songé encore à explorer le Sud. L'esclavage aboli, le Sud traversa une crise longue de dix ans. Cependant l'Ouest se peuplait, la concurrence industrielle naissait, puis devenait rapidement assez vive dans les États de l'Est : c'est alors que le Yankee songea à porter dans le Sud alangui, dans les régions montagneuses inexplorées de l'Alabama, du Tennessee, du Kentucky, de la Géorgie, de la Virginie, le ferment vivifiant de son activité exubérante. C'est ainsi que, depuis dix ans, le Sud est devenu presque subitement une région industrielle étonnamment prospère : Birmingham, dans l'Alabama, Chattanooga, Nashville, dans le Tennessee, sont aujourd'hui des centres miniers et métallurgiques de premier ordre.

« Les régions montagneuses du Sud, écrivait récemment le professeur N.-L. Shaler, possèdent dans leur sol, leurs forêts et leurs ressources minérales, un ensemble d'avantages qui n'est peut-être égalé par aucune autre région de même étendue sur le globe. »

Le Sud du Kentucky a eu une destinée à part. A l'Ouest, une série de collines escarpées, couvertes de forêts impénétrables, coupées de gorges abruptes, vont en s'étageant jusqu'au pied d'un mur montagneux infranchissable et barrent la route : au Sud, des montagnes presque aussi inaccessibles (c'est la région pittoresque et sauvage que traverse depuis peu la ligne ferrée de Knoxville à Middlesborough); à l'Est enfin, le massif imposant des monts de Cumberland; ainsi défendue et bastionnée, cette région était restée comme séparée du monde. Le nègre et le planteur, à qui seules convenaient les vastes plaines propres à la grande culture, avaient été tenus à l'écart. Pendant plus d'un siècle, les hommes énergiques et aventureux, presque tous de lignée britannique, qui avaient franchi la montagne par l'une des quatre passes qui entament légèrement le massif de Cumberland, pour aller vivre pauvres, mais libres, dans les hautes vallées, sont restés à l'abri de tout contrôle et de toute ingérence étrangère. Le

Kentucky a formé comme une île escarpée que le grand courant de l'immigration, du commerce, de l'industrie a contournée pendant un demi-siècle sans pouvoir la pénétrer ni la couvrir.

Cependant, ces aventuriers, ces montagnards d'élection, qui avaient pris possession des hautes vallées, devenaient chaque jour plus paresseux, plus misérables et plus sauvages dans leur inaccessible repaire. Des clans s'étaient formés et, retournant aux premiers âges de l'humanité, s'exterminaient entre eux pour le plaisir. Les vendettas (*feuds*) du Kentucky sont fameuses, elles ont valu à cet État de posséder dans ses montagnes et ses forêts la plus redoutable population *d'outlaws* et de brigands. Cette petite société a des chefs et, depuis plusieurs années, pour mettre fin aux guerres de clans, les autorités essaient de réconcilier les chefs de clans ennemis. Tout récemment, le district de Rowan trouva la paix grâce au mariage de Franck Tolliver, fils de Old Man, avec miss Grace Martin, fille de Pizen Dan'l. Le ministre qui célébra cette union dut s'arrêter trois fois durant la cérémonie et tirer son revolver de sa poche pour riposter à des coups de feu.

C'est au milieu de la région reculée où l'une des « grandes » familles du Kentucky, les Turners, poursuivaient leurs exploits dans la magnifique vallée de la Yellow Creek River, au Nord-Ouest du Cumberland-Gap, la principale des quatres passes percées par la nature dans les montagnes du Cumberland, que les Yankees et les Anglais, apportant, ceux-là leur énergie et leur sang-froid, ceux-ci leurs capitaux, ont entrepris de fonder une grande cité minière et industrielle, Middlesborough.

À l'hôtel, au déjeuner, je me trouve assis à côté d'un jeune garçon d'une douzaine d'années vêtu du costume universellement adopté ici par les hommes, une chemise de flanelle, la culotte et les bottes. Nous nous regardons d'abord sans mot dire. Cette réflexion me vient naturellement : que peut faire en ce pays un enfant aussi jeune abandonné à lui-même ! Lui, de son côté, est pressé de s'expliquer la présence d'une figure nouvelle : il me demande d'où je viens, où je vais, ce que je fais à Middlesbourgh, si j'y suis pour mes affaires ou pour mon plaisir. La conversation s'engage, et je ne tarde pas à découvrir que ce petit bonhomme est prodigieusement éveillé, expérimenté, qu'il connaît tout et tout le monde dans la vallée, qu'il parle des choses pratiques, de toutes les entreprises qui se lancent ici comme un homme de vingt-cinq ans. Je me sens invinciblement attiré vers cette petite figure énergique. Il est le fils d'un grand industriel du

Maine, M. Davis, un de ces infatigables Yankees qui, après avoir installé de grandes industries dans le Nord, viennent en fonder de nouvelles dans le Sud. M. Davis, laissant sa femme et six de ses huit enfants à Boston ou dans le Maine, est venu ici il y a quelques mois avec deux de ses plus jeunes fils pour exploiter des mines et créer des hauts-fourneaux. Il a mis l'affaire en train, puis, rappelé par ses affaires dans le Maine, il a laissé ses deux fils, l'un de douze ans, l'autre de onze ans, à Middlesborough en garde à eux-mêmes. Avant de partir et pour leur donner une occupation, il a loué pour eux, dans le hall de l'hôtel de « Newsstand », un comptoir qu'ils tiennent et où ils vendent des journaux, des revues et des cigares. Il y a un mois que les deux bambins *the youngest firm in America*, a dit un journaliste du cru, ont commencé leurs opérations sous la raison sociale « Davis Brothers », et les affaires vont à merveille. Ces Messieurs paient patente, ils ont leur livre de caisse qu'ils tiennent à jour, leurs carnets de chèques, leur compte ouvert à la banque où ils vont déposer eux-mêmes leurs recettes; ils entretiennent une correspondance, sur leur propre papier commercial, avec tous les administrateurs de tous les grands journaux des Etats-Unis, font leurs achats de cigares, et avec cela trouvent le moyen d'étudier le pays, ses ressources, les nouveaux venus et les nouvelles entreprises. L'aîné, Harry est un petit homme tout à fait intéressant; il connaît toutes les montagnes d'alentour, les chemins les plus sauvages, les gués les plus cachés, il sait où sont les mines intéressantes à visiter, il connaît les passes dangereuses. Aussi m'empressai-je d'accepter ses propositions et de le prendre pour guide. Les « Davis Brothers » sont naturellement très populaires auprès des 50 ou 60 personnes qui vivent à l'hôtel : ils se tiennent bien et on les traite en grands garçons. J'ai vu tel de ces ingénieurs qui construit des hauts-fourneaux répondre le plus sérieusement du monde aux questions que lui pose mon ami Harry sur l'état d'avancement des travaux.

Je commence à explorer le pays avec mon guide minuscule. Nous rencontrons par les rues, par les champs et par les bois, les types les plus divers; dix nations se sont donné rendez-vous ici : Anglais, Ecossais, Irlandais, Italiens, Français, Canadiens, Hollandais, Hongrois, Africains, et surtout, parmi ceux qui n'apportent ici que leurs bras, des gens qui roulent leur bosse de « job » en « job ».

La ville a été deux fois, dans sa courte existence, ravagée par des incendies : le dernier, qui éclata il y a deux mois, dévora 80 maisons ; il a fait un grand trou, à l'endroit même où la ville commençait à devenir dense, où les deux côtés de la voie principale étaient bordés de façades. Là, on voit aujourd'hui des tentes qui abritent, au milieu des décombres noircis, ceux-là mêmes qui avaient les premiers réussi à se bâtir un « home » confortable. En maint endroit sortent de terre les fondations de constructions plus solides en pierre et en briques. Ces maisons nouvelles absorbent les matériaux à mesure qu'ils arrivent des briqueteries fumant dans plusieurs coins de la ville et des carrières exploitées dans les montagnes d'alentour.

Je rends visite au journaliste de l'endroit, à l'homme qui se charge ici d'avoir pour tout le monde au moins une idée par jour : c'est l'éditeur du *Middlesborough Daily News*. Dans une salle encombrée de papiers, de gros registres, du matériel d'imprimerie, je trouve un petit homme brun : vêtu d'une chemise de toile noire, le pantalon dans les bottes, une chique dans la bouche, un énorme revolver sous la main ; il tient ses comptes, dessine des en-tête de lettres d'affaires et rédige des « leaders ». Il commande à dix-sept hommes ; il imprime sa feuille sur des presses rotatives. Son journal grandira avec la ville ; il espère tirer bientôt à 10.000, puis à 20.000, et qui sait où il s'arrêtera ?

Nous gravissons la montagne qui domine la passe (Cumberland-Gap) et du haut de laquelle nous aurons une vue générale de la contrée. C'est d'ailleurs une charmante promenade à cheval, comme il y en a par douzaines autour de Middlesborough. Dès le premier regard jeté du haut du pic sur les vallées environnantes, l'œil est séduit. Il semble que ce pays ait été disposé tout exprès pour se prêter aux entreprises des hommes hardis qui le transforment en ce moment. Tout près de nous, juste à nos pieds, à l'est du Gap, une petite vallée où Dillwyn-Springs, la ville des « résidences », commence à prendre figure. Les Watt, des Anglais qui sont venus se fixer ici pour installer de vastes hauts-fourneaux et des fonderies d'acier, y ont déjà bâti leur maison d'habitation, et ils se sont du premier coup magnifiquement logés ; ils traversent le tunnel, et ils sont à leur usine. La place est limitée à Dillwyn-Springs ; mais plus loin, la Powels Valley, qui court du Nord au Sud en longeant les montagnes du Cumberland, s'élargit pour donner naissance à la ville de plaisance qui va surgir dans les parcs de Harrogate. Le site est fort bien choisi. Une ligne jaunâtre sillonne la vallée : c'est la ligne ferrée qui va relier Cumberland-Gap aux chemins de fer de la Géorgie du Nord. Dans une petite vallée qui semble une ramification du Gap vers le Sud, on bâtit la ville d'eaux de Hamilton-Springs. De l'autre côté du Gap, courant et s'épanouissant de l'Est à l'Ouest, la magnifique vallée de la Yellow Creek-River. Là, se bâtit sur un vaste terrain, naturellement aplani, la ville, Middlesborough, qui pourra loger à l'aise, d'une montagne à l'autre, plus de 50.000 habitants. Au loin, cette vallée se ramifie dans sa partie Ouest en deux fourches, Bennets-Fork et Stony-Fork, où se trouvent les grandes richesses houillères. Et puis, courant, s'entrecroisant dans ces vallées, des lignes jaunâtres, tout un réseau déjà compliqué de chemins de fer.

C'est une contrée charmante : toutes ces montagnes ont des contours gracieusement sinueux, des courbes très douces.

Le climat de ce pays est excellent, apaisant, fortifiant ; les journées sont naturellement très chaudes en été, mais les nuits sont toujours fraîches et réparatrices. L'air est parfaitement pur dans ces montagnes ; il faut qu'il en soit ainsi, il faut que le climat y soit particulièrement favorable pour que les milliers d'ouvriers qui vivent sous la tente, au milieu des bourbiers, des détritus de toutes sortes, des terres vierges fraîchement remuées, restent tous bien portants, pour qu'aucune épidémie n'ait éclaté dans un milieu en apparence si bien préparé.

L'œuvre de Middlesborough a un caractère dominant qui doit être mis en lumière ; deux forces se sont unies pour exploiter les richesses naturelles de cette vallée demeurée stérile pendant des siècles : le capital anglais, d'une part ; de l'autre, l'esprit d'entreprise, l'aventureuse témérité des Américains.

L'homme qui, le premier, eut l'idée, et qui depuis en a infatigablement poursuivi l'exécution, est M. A. Arthur. Il y a quelques années, il voyageait pour une maison canadienne aux Etats-Unis. Il lui vint à l'esprit de se lancer dans cette région peu connue ; avec son œil expérimenté d'homme d'affaires, après avoir soigneusement étudié le pays, il jugea que l'emplacement d'une grande ville industrielle était tout préparé dans la vallée de la Yellow Creek River. Il part pour l'Angleterre, expose son affaire à des financiers, les persuade, lance une Société, réunit des capitaux, revient se perdre dans les montagnes et pendant de longs mois se débat dans la brousse, vivant sous la tente, au milieu des aventures les plus singulières, contre les montagnards bandits : il réussit enfin à leur acheter morceau par morceau, payant jusqu'à dix fois pour acquérir le même lopin de terre, dans un district sans loi, sans propriété établie, où dix personnes se prétendaient propriétaires du même sol sans avoir jamais pris possession effective, 60.000 acres de terrain. La Compagnie (American

Association), propriétaire de la vallée et des gisements qui l'avoisinent donne naissance à une fille, la Middlesborough Town Company, à qui elle vend un emplacement favorable qui se charge de construire la ville de Middlesborough.

L'homme qui a conçu l'entreprise et qui la dirige aujourd'hui sur les lieux mêmes est Canadien anglais d'origine : solidement charpenté, de haute taille, de manières simples, la face ronde et pleine, ornée de courts favoris roux, percée de deux petits yeux brillants, extrêmement intelligents, on découvre en lui, à première vue, un homme d'action. Il parle peu, mais clair ; il sait prendre les plus graves résolutions, comme un général sur le champ, s'il le faut. C'est en effet un merveilleux général qui s'est entouré d'excellents lieutenants. L'un, M. Cary, son bras droit, est un homme doux, presque timide dans le tête-à-tête, mais un esprit fin ; c'est une nature d'élite, et qu'il semblerait étrange, si nous n'étions en Amérique, de voir mener la rude vie de bâtisseur de ville dans ces montagnes. Un autre, et bien différent, est M. Woodbury : superbement taillé, joyeux compagnon tenant de l'homme de sport et de l'officier de cavalerie, il est toujours sur la brèche, la tête claire et les muscles solides. Un autre, un jeune encore, M. Malcolm, type de l'Anglais « athlétique », quoique Américain, taille et visage aristocratique ; c'est un énergique qui sait porter allégrement les plus lourdes responsabilités. Enfin, le capitaine Brooks, une barbe grise, presque une vieille barbe : tous les autres sont des hommes du Nord, lui seul est du Sud. Figure caractéristique : c'est le type du « settler » du vieux temps ; il a un tempérament de fer et une volonté inflexible ; on a fait de lui le premier maire de la ville nouveau-née. Ce capitaine Brooks faisait partie de l'armée confédérée et il travaille aujourd'hui avec les Yankees à fonder une ville à l'endroit même où, il y a près de trente ans, il se battait contre eux.

Ce champ de bataille pacifique a été admirablement choisi : toutes les ressources, toutes les richesses naturelles nécessaires au développement d'une grande cité industrielle se trouvent là, réunies, groupées et comme mises sous la main : la houille en quantités inépuisables et d'excellente qualité ; le minerai de fer en quantités énormes, très pur et affleurant le sol ; le zinc, le manganèse, le bois dans les forêts séculaires qui couvrent la contrée à 20 milles à la ronde ; la terre à briques, des carrières à ciel ouvert où le grès se présente en couches régulières, prêt à découper en blocs.

Tous les rapports des experts, comme ceux des ingénieurs et des industriels qui sont venus demander des concessions minières,

concordent : sur les 50.000 acres de sol montagneux que possède
l'Américan Association, 25.000 acres pourraient fournir 25.000 tonnes
de houille à coke par acre. Les veines sont horizontales et, partant,
facilement exploitables. Toutes les mines aux alentours de Middlesborough sont au-dessus du niveau du thalweg ; elles n'auront donc pas
à être défendues contre l'invasion de l'eau. Les richesses houillères
se trouvent au Nord et à l'Ouest de la ville.

A l'Est et au Sud, le minerai de fer rouge. Il se présente en couches
régulières de 5 à 6 pieds d'épaisseur, le plus souvent affleurant le sol.
Ce minerai contient 51,78 p. % de fer métallique, 15,63 de silice, 0,38
de phosphore et pas de traces de soufre. Deux autres sortes de minerai ; l'une (hématite brune), 56,19 p. % de fer ; l'autre (oriskany ore),
54,25 p. % de fer. Tous ces minerais sont peu chargés de phosphore et,
par suite, se prêtent beaucoup mieux que ceux de l'Alabama à la
fabrication de l'acier.

Il semble dès lors que Middlesborough réunisse par un bonheur
unique tous les éléments nécessaires à la solution du grand problème
industriel de notre époque : la production du fer et de l'acier au plus
bas prix possible, et l'on estime que cette ville possède dans ses montagnes de quoi fournir 4 millions de tonnes de houille par an pendant
cent ans.

Quel parti les pionniers de Middlesborough ont-ils tiré de ces mer-
veilleuses richesses naturelles ?

L'Américan Association n'aliène pas ses propriétés minières : elle
donne des concessions temporaires, pour vingt-cinq ans, moyennant
le paiement d'une annuité fixe et d'une redevance de 0 fr. 50 par
tonne de charbon domestique, 0 fr. 75 par tonne de charbon à coke,
de 1 fr. à 1 fr. 25 par tonne de charbon propre à la consommation des
machines.

Nombre d'industriels, de capitalistes sont venus demander des
concessions de mine et créer des établissements métallurgiques à
Middlesborough : M. O. W. Davis bâtit une usine pour la fabrication
des roues de chemin de fer ; la Mingo Mountain Coal and Coke Company bâtit trois cents fours à coke, une Compagnie anglaise en construit un millier d'autres ; l'immense usine (South Boston Iron Works),
qui fabrique les canons pour l'armée et la marine de l'Union, quitte
le Massachussetts et vient s'établir à Middlesborough ; il a suffi, pour
déterminer cet exode de tout un peuple d'ouvriers et d'un matériel
considérable, que les directeurs du South Boston Iron Works se
fussent assurés qu'à Middlesborough ils pourront fabriquer la tonne

de fer à 3 et 4 dollars meilleur marché que dans la Nouvelle-Angleterre ; un Anglais, M. Watts, a constitué une Compagnie au capital de plus de 6 millions de francs, qui a élevé des hauts-fourneaux et une usine pour la fabrication de l'acier ; cette fonderie d'acier, où le procédé du foyer à air libre sera appliqué pour la première fois aux Etats-Unis, produira 700 tonnes par jour. Je ne cite que les principales entreprises.

A l'heure actuelle (octobre 1890), le capital engagé dans toutes les affaires qui se créent à Middlesborough ou dans les environs, représente 75 millions de francs environ.

Middlesborough est en passe de devenir un grand centre de chemins de fer ; une ligne de ceinture de 24 kilomètres de long fait le tour de la ville, de la vallée, et dessert les mines et les usines ; une deuxième ligne relie Middlesborough aux ports de Charleston et Savanah par Knoxville ; une troisième à Louisville, Cincinnati, Chicago, etc. ; une quatrième, en construction, ira rejoindre une branche existante de la Norfolk-Line à Lebanon et établira une communication directe avec l'Est, avec Norfolk, Baltimore, etc. Middlesborough aura de la sorte accès aux principaux marchés des Etats-Unis et à la mer.

Le 21 octobre dernier, le « British Iron and Steel Institute », tout ce que la Grande-Bretagne compte d'ingénieurs en renom, de maîtres de forges, de métallurgistes, visitait Middlesborough : dans une rapide tournée aux Etats-Unis, à travers les principaux centres de l'industrie du fer, ces trois cents étrangers, accompagnés de trente-deux dames, trente-deux de ces intrépides Anglaises qui suivent leurs maris, frères ou fiancés au bout du monde, faisaient à la ville naissante l'insigne honneur de s'y arrêter. Ils y entendaient une conférence de M. J.-R. Proctor, le géologue expert de l'Etat de Kentucky, qui les amenait pour ainsi dire à toucher du doigt les richesses extraordinaires de la contrée : il leur montrait que le district de Middlesborough est encore plus favorisé, s'il est possible, que la célèbre région du Lac supérieur. Le président de l' « Institute », sir James Kitson, après avoir vu les merveilles de Pittsburg en Pensylvanie, de Birmingham dans l'Alabama, n'hésitait pas à prédire un grand avenir à Middlesborough.

Et comme les Anglais n'ont pas l'habitude de prononcer des paroles vaines ni de manquer les bonnes occasions qui se présentent à eux durant leurs voyages, il fut question, séance tenante, pour plusieurs de ces ingénieurs, de ces industriels déjà engagés ailleurs, de créer de nouvelles industries dans une région si merveilleusement dotée.

On calcule que dans le délai de quinze mois, lorsque toutes les usines en construction seront achevées et mises en marche, elles réclameront plus de 7.500 ouvriers et que la ville pourra compter alors près de 40.000 habitants. En mai 1890, l'acre (1 hectare = 2 acres 1/2) s'est vendu de 20.000 à 25.000 dollars, et tel montagnard, qui avait vendu sa terre 10 dollars l'acre quelques mois auparavant, est venu acheter du terrain à 50 dollars le pied de façade.

Le 10 novembre dernier, avait lieu à Middlesborough la troisième vente aux enchères de lots de terrain (la première remontait à octobre 1889 et la seconde en mai 1890) et, en une heure et demie, 63 lots, représentant 9 acres 1/3, étaient vendus pour la somme de 132.630 dollars, soit 14.215 dollars l'acre ou 2.000 dollars de plus qu'à la vente de mai.

Il ne faut pas croire cependant que, dans ces aventures héroïques de folle témérité où les Américains se jettent à corps perdu, il n'y ait au fond que la poursuite acharnée du dollar. Dans ces immenses entreprises hardiment menées, qui réclament une fermeté de caractère inébranlable, une sûreté de vues jamais en défaut, une persévérance obstinée, il y aussi comme un idéalisme latent : je le découvre dans les longs espoirs de ces hommes énergiques, dans leur foi en l'avenir, dans leur allègre confiance au succès infaillible de la volonté humaine, aidée de la nature qui ne refuse jamais son obéissance à l'homme entreprenant.

SAINT-ETIENNE, IMP. THÉOLIER ET Cⁱᵉ, RUE GÉRENTET, 12